X

23766

GRAMMAIRE

DE LA

LANGUE FRANÇAISE

Tout exemplaire non revêtu de ma signature sera
réputé contrefait.

2183 — Amiens · Typ. Alfred CARON fils. rue de Beauvais, 42.

GRAMMAIRE

DE LA

LANGUE FRANÇAISE

PAR

LE P. HENRI DELAVENNE

de la Compagnie de Jésus.

Heureux qui sait mêler l'agréable à l'utile.
(Horace.)

GRAMMAIRE ÉLÉMENTAIRE

TROISIÈME ÉDITION

PARIS

JOSEPH ALBANEL, LIBRAIRE

15, Rue de Tournon, 15

1870.

AMI LECTEUR

Pas un livret qui n'ait une préface.
C'est un abus que vous blâmez en vain ;
On n'en lit point, mais on veut qu'on en fasse :
Telle est la loi que subit l'écrivain.
Mais, direz-vous, le comble du délire
Est de tourner une préface en vers !,
— Eh ! je le sais ; mais, grâce à ce travers,
Peut-être aussi daignerez-vous la lire.

Ne craignez pas que je conte humblement
Ce qu'a de neuf et de bon mon ouvrage ;
Quel vide il comble à propos, et comment
Les gens de goût lui donnent leur suffrage ;
Que, malgré moi, je livre à l'imprimeur
Ce fruit tardif de mes si longues veilles ;
Que mes amis s'en promettent merveilles
Et veulent tous en avoir la primeur...
Non ; ce sont là trop banales formules.

Mon livre vient, sans peur ni vanité,
S'offrir à vous. Craindrait-il ses émules,
Lui qui, précis dans sa brièveté,
Sur maint exemple appuyant les principes,
Pour soulager la mémoire aux abois,
D'un vers heureux, d'un trait d'esprit gaulois
Embellit tout, même *les participes ?...*

Petits enfants, j'ai travaillé pour vous :
Formant le vœu (qu'approuve votre mère)
Que le travail vous soit utile et doux,
Je vous dédie en ami ma Grammaire.

GRAMMAIRE FRANÇAISE

NOTIONS PRÉLIMINAIRES.

§ 1. — La *Grammaire française* enseigne à parler et à écrire correctement en français.

Pour parler et pour écrire on se sert de *mots*.

Les mots sont composés de *syllabes* ; les syllabes sont composées de *lettres*.

LETTRES.

§ 2. — Il y a en français vingt-cinq *lettres*, qui se divisent en *voyelles* et en *consonnes*.

VOYELLES.

§ 3. — Les *voyelles* sont : *a, e, i, o, u, y*.

On les appelle *voyelles* parce que, seules et sans le secours d'aucune autre lettre, elles forment une *voix*, c'est-à-dire un *son*.

§ 4. — L'*e* se prononce de trois manières. De là trois sortes d'*e* : l'*e muet*, l'*e fermé* et l'*e ouvert*.

L'*e muet* se fait à peine entendre :

> Laissez *dire* les sots : *le* savoir a son prix. (La Font.)

L'*e fermé* se prononce la bouche presque fermée :

> L'ignorance toujours est prête à s'*admirer*. (Boileau.)

L'*e ouvert* se prononce la bouche plus ouverte :

> Qui parvient au *succès* n'a jamais trop osé. (Regnard.)

§ 5. — L'*y* grec s'emploie tantôt pour deux *i*, tantôt pour un *i*.

Il s'emploie pour deux *i* après une voyelle, dans le corps des mots :

> L'âne allait par *pays* accompagné du chien,
>   Gravement, sans songer à rien. (La Font.)

Il s'emploie pour un *i* dans tous les autres cas :

> Tout vous est aquilon, tout me semble *zéphyr*.(La Font.)

CONSONNES.

§ 6. — Les *consonnes* sont : *b, c, d, f, g, h, j, k, l, m, n, p, q, r, s, t, v, x, z.*

On les appelle *consonnes* parce qu'elles ne forment un *son* qu'*avec* le secours des voyelles.

§ 7. — La lettre *h* est *muette* ou *aspirée*.

Elle est *muette* quand elle ne se fait pas entendre dans la prononciation :

> L'*honneur* parle, il suffit ; ce sont là mes oracles.
>   (Racine.)

Elle est *aspirée* quand elle empêche la liaison de la consonne qui précède avec la voyelle qui suit :

> On pardonne à la *haine*, et jamais au mépris. (Ferrand.)

SYLLABES.

§ 8. — On appelle *syllabe* une ou plusieurs lettres qu'on prononce par une seule émission de voix :

> *Le jour n'est pas plus pur que le fond de mon cœur.*
>   (Racine.)

DIPHTHONGUES.

§ 9 — Une *diphthongue* est la réunion de *deux* sons en une seule syllabe :

> *Chien* hargneux a toujours l'*oreille* déchirée.(La Font.)

MOTS.

§ 10. — On appelle *mot* une ou plusieurs syllabes réunies qui expriment une idée :

Gens trop heureux font toujours quelque faute. (La F.)

PROPOSITIONS, PHRASES.

§ 11. — Une *proposition* est l'énonciation d'un jugement :

Les délicats sont malheureux. (La Font.)

§ 12. — On appelle *phrase* une ou plusieurs propositions réunies qui forment un sens complet :

A l'œuvre on connaît l'artisan. (La Font.)
Une morale nue apporte de l'ennui : —
Le conte fait passer le précepte avec lui. (id.)

SIGNES ORTHOGRAPHIQUES.

§ 13. — Outre les lettres, on emploie dans le langage écrit certains signes, comme les *accents*, le *tréma*, l'*apostrophe*, la *cédille*, le *trait d'union*.

I. Il y a trois *accents* : l'accent *aigu*, l'accent *grave* et l'accent *circonflexe*.

L'accent *aigu* (´) se met sur la plupart des *e* fermés :

Ne *désespérez* point de la *bonté céleste.* (Ducis.)

L'accent *grave* (`) se met sur la plupart des *e* ouverts :

La foi qui n'agit point est-ce une foi *sincère* ? (Racine.)

L'accent *circonflexe* (ˆ) se met sur la plupart des voyelles longues :

Quoi qu'on fasse, un *ânon* ne deviendra qu'un *âne.*
(Grozelier.)

II. Le *tréma* (¨) se met sur les voyelles *e, i, u,* pour les faire prononcer séparément de la voyelle voisine :

Volontiers gens boiteux *haïssent* le logis. (La Font.)

III. L'*apostrophe* (') marque l'élision d'une voyelle :

Quand on a de *l'esprit,* on se tire *d'affaire.* (Dufresny.)

IV. La *cédille* (ç) donne un son doux au *c* suivi des voyelles *a, o, u* :

La meilleure *leçon* est celle des exemples. (La Harpe.)

V. Le *trait d'union* (-) sert à joindre certains mots qui n'en forment qu'un par le sens :

Caquet-bon-bec, ma mie, adieu ; je n'ai que faire
D'une babillarde à ma cour. (La Font.)

§ 14. — Il y a en français dix espèces de mots, qu'on appelle les *parties du discours ;* ce sont : le *nom* ou *substantif*, l'*article*, l'*adjectif*, le *pronom*, le *verbe*, le *participe*, la *préposition*, l'*adverbe*, la *conjonction* et l'*interjection*.

DIVISION GÉNÉRALE DES MOTS.

§ 15. — Les mots se divisent en mots *variables* et en mots *invariables*.

I. Les mots *variables*, c'est-à-dire ceux dont la terminaison peut changer, sont : le *nom*, l'*article*, l'*adjectif*, le *pronom*, le *verbe* et le *participe*.

II. Les mots *invariables*, c'est-à-dire ceux qui ne changent jamais, sont : la *préposition*, l'*adverbe*, la *conjonction* et l'*interjection*.

MOTS VARIABLES

DU NOM OU SUBSTANTIF.

§ 16. — Le *nom* ou *substantif* est un mot qui sert à désigner une personne ou une chose :

Il était un *berger*, son *chien* et son *troupeau*. (La Font.)

§ 17. — Il y a deux espèces de noms : le nom *commun* et le nom *propre*.

I. Le nom *commun* est celui qui convient à toutes les personnes ou à toutes les choses de la même espèce :

Tout est aux *écoliers couchette* et *matelas*. (La Font.)

II. Le nom *propre* est celui qui convient en particulier à certaines personnes ou à certaines choses :

Par un soleil d'été que les *Alpes* sont belles ! (Guiraud.)

GENRE.

§ 18. — Le *genre* est la propriété que possèdent les noms de désigner des êtres *mâles* ou des êtres *femelles*.

Il y a deux genres dans les noms : le genre *masculin* et le genre *féminin*.

I. Les noms qui désignent des hommes ou des animaux mâles, sont du genre *masculin* :

Proposez-vous d'avoir le *lion* pour ami,
    Si vous voulez le laisser croître. (La Font.)

II. Les noms qui désignent des femmes ou des animaux femelles, sont du genre *féminin* :

La *lionne* a la grâce et la légèreté. (De Lacépède.)

REMARQUE. On a donné, par imitation, le genre masculin ou le genre féminin aux noms de choses inanimées :

Gare la *cage* ou le *chaudron* ! (La Font.)

FORMATION DU FÉMININ DANS LES NOMS.

Règle générale.

§ 19. — On forme le féminin dans les noms en ajoutant un *e* muet au masculin :

Une *ourse* avait un petit *ours*. (Fénelon.)

Exceptions.

1° Noms terminés par un e *muet.*

§ 20. — Les noms terminés au masculin par un *e* muet, comme *esclave*, ne changent pas au féminin :

La rime est une *esclave* et ne doit qu'obéir. (Boileau.)

Il faut en excepter les noms suivants, qui changent au féminin *e* en *esse* :

Ane,	*ânesse.*	Nègre,	*négresse.*
Bonze,	*bonzesse.*	Ogre,	*ogresse.*
Chanoine,	*chanoinesse.*	Prêtre,	*prêtresse.*
Comte,	*comtesse.*	Prince,	*princesse.*
Druide,	*druidesse.*	Prophète,	*prophétesse.*
Hôte,	*hôtesse.*	Tigre,	*tigresse.*
Maître,	*maîtresse.*	Vicomte,	*vicomtesse.*

2° Noms terminés par er.

§ 21. — Les noms terminés au masculin par *er*, comme *ouvrier*, changent au féminin *er* en *ère* :

Quand l'*ouvrière* est épargnée,
Vainement l'ouvrage est détruit. (Arnault.)

3° Noms terminés par en, on.

§ 22. — Les noms terminés au masculin par *en, on,* comme *chien, lion,* et quelques autres, comme *chat, paysan,* doublent leur dernière consonne avant de prendre l'*e muet* :

L'aigle avait ses petits au haut d'un arbre creux,
La laie au pied, la *chatte* entre les deux. (La Font.)

Compagnon fait *compagne,* et *larron larronnesse.*

4° *Noms terminés par* eur.

§ 23. — Les noms en *eur* qui dérivent d'un participe présent, comme *radoteur* (de radot*ant*), changent au féminin *eur* en *euse* :

C'est une *radoteuse*, elle a perdu l'esprit. (La Font.)

Il faut en excepter les noms suivants :

Exécuteur,	*exécutrice.*	Bailleur,	*bailleresse.*
Inspecteur,	*inspectrice.*	Enchanteur,	*enchanteresse.*
Inventeur,	*inventrice.*	Pécheur,	*pécheresse.*
Persécuteur,	*persécutrice.*	Gouverneur,	*gouvernante.*

II. Les noms en *eur* qui ne dérivent pas d'un participe présent, comme *bienfaiteur*, changent au féminin *eur* en *rice* :

Le cerf, hors de danger, broute sa *bienfaitrice*. (La F.)

Mais *serviteur* fait *servante*.

REMARQUE. La plupart des noms qui désignent des professions plus particulièrement exercées par des hommes, comme *auteur, docteur, écrivain, médecin, peintre, philosophe, poëte*, ne changent pas au féminin :

Les femmes d'à présent sont bien loin de ces mœurs ;
Elles veulent écrire et devenir *auteurs*. (Molière.)

NOMS QUI ONT DEUX FORMES AU FÉMININ.

Chanteur, Chasseur, Débiteur, Demandeur, Vendeur.

§ 24. — CHANTEUR fait au féminin *chanteuse ;* mais en parlant d'une femme qui a acquis quelque célébrité dans l'art du chant, on dit *cantatrice*.

CHASSEUR fait au féminin *chasseuse ;* mais en poésie et dans le style élevé il fait *chasseresse*.

DÉBITEUR (qui débite) fait au féminin *débiteuse; débiteur* (qui doit) fait *débitrice*.

DEMANDEUR (qui fait métier de demander) fait *demandeuse; demandeur* (qui forme une demande en justice) fait *demanderesse*.

VENDEUR (dont la profession est de vendre) fait *vendeuse; vendeur* (qui vend, qui a vendu) fait *venderesse*.

NOMBRE.

§ 25. — Le *nombre* est la propriété que possèdent les noms de désigner une ou plusieurs personnes, une ou plusieurs choses.

Il y a deux nombres dans les noms : le nombre *singulier* et le nombre *pluriel*.

I. Les noms qui désignent une seule personne on une seule chose, sont du nombre *singulier* :

> Le *mulet* d'un *prélat* se piquait de *noblesse*. (La Font.)

II. Les noms qui désignent plusieurs personnes ou plusieurs choses, sont du nombre *pluriel* :

> Chose étrange ! on apprend la tempérance aux *chiens*,
> Et l'on ne peut l'apprendre aux *hommes* ! (La Font.)

FORMATION DU PLURIEL DANS LES NOMS.

Règle générale.

§ 26. — On forme le pluriel dans les noms en ajoutant une *s* au singulier :

> Je suis le Roi des *rois*, le Seigneur des *seigneurs*.
>   (De Sacy.)

Exceptions.

1º Noms terminés par s, x, z.

§ 27. — Les noms terminés au singulier par *s*, *x*, *z*, comme *bois*, *perdrix*, *nez*, ne changent pas au pluriel :

> Le ton dont il parla fit retentir les *bois*. (La Font.)
> Il est des naturels de coqs et de *perdrix*. (id.)

2º Noms terminés par au, eu.

§ 28. — Les noms terminés au singulier par *au*, *eu*, comme *oiseau*, *jeu*, prennent un *x* au pluriel :

> Aux petits des *oiseaux* Dieu donne leur pâture. (Rac.)
> Le bonhomme disait : Ce sont là *jeux* de prince. (La F.)

Mais *landau* et *bleu* suivent la règle générale, et prennent une s au pluriel : des *landaus* des *bleus*.

3° *Noms terminés par* ou.

§ 29. — Les noms suivants : *bijou, caillou, chou, genou, hibou, joujou* et *pou,* prennent un *x* au pluriel :

L'autre reprit : Tout doux ;
On le fit pour cuire vos *choux.* (La Font.)

Les autres noms en *ou* suivent la règle générale, et prennent une *s* au pluriel :

Pauvres gens ! je les plains ; car on a pour les *fous*
Plus de pitié que de courroux. (La Font.)

4° *Noms terminés par* ail.

§ 30. — Les noms suivants : *bail, corail, émail, soupirail, vantail* et *vitrail,* changent au pluriel *ail* en *aux* :

De l'antre redouté les *soupiraux* gémirent. (Boileau.)

Les autres noms en *ail* suivent la règle générale, et prennent une *s* au pluriel :

Un coup de mer rompit les *gouvernails.* (Acad.)

Bétail n'a pas de pluriel ; on se sert du mot *bestiaux.*

5° *Noms terminés par* al.

§ 31. — Les noms terminés au singulier par *al,* comme *cheval,* changent au pluriel *al* en *aux* .

J'ai l'honneur de servir nosseigneurs les *chevaux.*
(La Font.)

Mais *aval, bal, cal, carnaval, chacal, festival, narval, nopal, régal, serval,* etc., suivent la règle générale, et prennent une *s* au pluriel :

Les bourgeois à l'envi nous firent des *régals* :
Les huit jours qu'on y fut furent huit *carnavals.*
(Boursault.)

DE L'ARTICLE.

§ 32. — L'*article* est un mot que l'on met devant les noms communs pour annoncer qu'ils sont pris dans un sens déterminé :

L'esprit ne guérit pas *les* blessures *du* cœur.

(G. Longhaye.)

Il n'y a en français qu'un article :

> *Le*, pour le masculin singulier.
> *La*, pour le féminin singulier.
> *Les*, pour le pluriel des deux genres.

§ 33. — L'article est *simple, élidé* ou *contracté.*

I. L'article est *simple,* lorsqu'il se présente sous sa forme primitive *le, la, les* :

Le loup et *le* renard sont d'étranges voisins. (La Font.)

II. L'article est *élidé*, lorsque l'une de ses voyelles finales *e, a,* est remplacée par une apostrophe, ce qui a lieu toutes les fois que *le, la,* sont suivis d'une voyelle ou d'une *h* muette :

L'hirondelle en passant emporta toile et tout,
Et *l*'animal pendant au bout. (La Font.)

III. L'article est *contracté* ou *composé* quand *le, les,* précédés de la préposition *de* ou *à,* ne forment qu'un seul mot avec elle. Ainsi, on dit *du* pour *de le, dés* pour *de les, au* pour *à le, aux* pour *à les* :

Après bien *du* travail, le coche arrive *au* haut. (La Font.)

Mais *de le, à le,* ne se contractent pas devant une voyelle ou une *h* muette :

Grâce *à l*'auteur *de l*'univers,
Je suis oiseau ; voyez mes ailes. (La Font.)

ACCORD DE L'ARTICLE.

§ 34. — L'article s'accorde en genre et en nombre avec le nom qu'il détermine :

La louange chatouille et gagne *les* esprits.(La Font.)

EMPLOI DE L'ARTICLE.

Article avec les noms communs.

§ 35. — On emploie l'article avec les noms communs pris dans un sens déterminé, c'est-à-dire désignant un genre, une espèce ou un individu :

Les *rois* malaisément souffrent qu'on leur résiste. (Andr.)
Les *rois* heureux ont tant d'amis ! (Florian.)
Le *roi* n'éclata point : les cris sont indécents
A la majesté souveraine. (La Font.)

§ 36. — On ne fait point usage de l'article devant les noms communs pris dans un sens indéterminé, c'est-à-dire ne désignant ni un genre, ni une espèce, ni un individu :

Ta valeur te rend digne de moi ;
Mais, pour être vaillant, tu n'es pas fils de *roi*. (Corn.)

Article devant les noms pris dans un sens partitif.

§ 37. — On emploie *du, de l', de la, des,* devant les noms communs pris dans un sens partitif, c'est-à-dire ne désignant qu'une partie d'un tout :

La tanche rebutée, il trouva *du* goujon. (La Font.)
Quand on a *de l'*esprit, on se tire d'affaire. (Dufresny.)

On ne parle pas de tout le goujon de la rivière, de tout l'esprit du monde.

§ 38. — Quand le nom pris dans un sens partitif est précédé d'un adjectif qui le détermine déjà, on emploie seulement la préposition *de* :

> Je ne dormirai point sous *de* riches lambris ;
> Mais voit-on que le somme en perde *de* son prix?
> (La Font.)

Cependant on fait usage de l'article :

1° Quand l'adjectif et le nom forment un mot composé:

> Heureux si de son temps, pour de bonnes raisons,
> La Macédoine eût eu *des* Petites-Maisons. (Boileau.)

2° Quand l'adjectif et le nom sont tellement liés par le sens, qu'ils ne forment, pour ainsi dire, qu'un seul mot, comme *bon sens, bon mot, beau monde, bon temps, grand homme, petits pâtés, petits pois,* etc.:

> Il avait *du* bon sens; le reste vient ensuite. (La Font.)

REMARQUE. L'expression complément indéterminé d'un nom, n'est jamais prise dans un sens partitif, et ne doit pas être précédée de l'article, mais seulement de la préposition *de* :

> Dieu ne créa que pour les sots
> Les méchants diseurs *de* bons mots.(La Font.)

DE L'ADJECTIF.

§ 39. — L'*adjectif* est un mot que l'on *ajoute* au nom pour le *qualifier* ou le *déterminer*.

De là deux sortes d'adjectifs: les adjectifs *qualificatifs* et les adjectifs *déterminatifs*.

I. ADJECTIFS QUALIFICATIFS.

§ 40. — Les adjectifs *qualificatifs* sont ceux qui expriment les *qualités* des personnes et des choses:

> Parmi les animaux, le chien se pique d'être
> *Soigneux* et *fidèle* à son maître;
> Mais il est *sot*, il est *gourmand*. (La Font.)

§ 41. — Les adjectifs qualificatifs, comme les substantifs qu'ils servent à qualifier, ont les deux genres et les deux nombres.

Formation du féminin dans les adjectifs qualificatifs.

Règle générale.

§ 42. — On forme le féminin dans les adjectifs qualificatifs en ajoutant un *e* muet au masculin:

> Le sens *commun* est chose peu *commune* ;
> Chacun pourtant croit en avoir assez. (Valincourt.)

Exceptions.

1° *Adjectifs terminés par un e muet.*

§ 43. — Les adjectifs terminés au masculin par un *e* muet, comme *honnête*, ne changent pas au féminin:

> S'il dépendait de moi, je passerais ma vie
> En plus *honnête* compagnie. (La Font.)

2° *Adjectifs terminés par* f.

§ 44. — Les adjectifs terminés au masculin par *f*, comme *attentif*, changent au féminin *f* en *ve* :

> Prêtez-moi l'un et l'autre une oreille *attentive*. (Racine.)

3° *Adjectifs terminés par* x.

§ 45. — Les adjectifs terminés au masculin par *x*, comme *heureux*, changent au féminin *x* en *se* :

> *Heureuse, heureuse* l'enfance
> Que le Seigneur instruit et prend sous sa défense. (Rac.)

Cependant *doux, faux, roux, préfix*, font au féminin *douce, fausse, rousse, préfixe*.

4° *Adjectifs terminés par* er.

§ 46. — Les adjectifs terminés au masculin par *er*, comme *étranger*, changent au féminin *er* en *ère* :

> Volontiers on fait cas d'une terre *étrangère*. (La Font.)

5° *Adjectifs terminés par* gu.

§ 47. — Les adjectifs terminés au masculin par *gu*, comme *ambigu*, changent au féminin *gu* en *guë* :

> Il présente au lecteur sa pensée *ambiguë*. (Boileau.)

6° *Adjectifs terminés par* eur.

§ 48. — I. Les adjectifs en *eur* qui dérivent d'un participe présent, comme *conteur* (de contant), changent au féminin *eur* en *euse* :

> En cercle un même attrait rassemble autour de l'âtre
> La vieillesse *conteuse* et l'enfance folâtre. (Delille.)

II. Les adjectifs en *eur* qui ne dérivent pas d'un participe présent, comme *usurpateur*, changent au féminin *eur* en *rice* :

> L'ivraie *usurpatrice* étouffe le froment. (Esménard.)

Mais les adjectifs *meilleur, majeur, mineur*, et ceux qui sont terminés en *érieur*, comme *supérieur*, suivent la règle générale, et prennent un *e* muet au féminin.

7º *Adjectifs terminés par* eil, el, en, et, on.

§ 49. — Les adjectifs terminés au masculin par *eil, el, en, et, on,* comme *pareil, cruel, ancien, fluet, bon,* doublent leur dernière consonne avant de prendre l'*e* muet:

> Hélas ! que sert la *bonne* chère,
> Quand on n'a pas la liberté ? (La Font.)

Mais les adjectifs suivants changent au féminin *et* en *ète* :

Complet, *complète.* Incomplet, *incomplète.* Replet, *replète.*
Concret, *concrète.* Indiscret, *indiscrète.* Secret, *secrète.*
Discret, *discrète.* Inquiet, *inquiète.* Suret, *surète.*

Les adjectifs qui suivent doublent aussi leur dernière consonne avant de prendre l'*e* muet:

Gentil,	*gentille.*	Exprès,	*expresse.*	Profès,	*professe.*
Nul,	*nulle.*	Gras,	*grasse.*	Bellot,	*bellotte.*
Bas,	*basse.*	Gros,	*grosse.*	Sot,	*sotte.*
Epais,	*épaisse.*	Las,	*lasse.*	Vieillot,	*vieillotte.*

De même, les adjectifs *beau, nouveau, fou, mou, vieux,* font au féminin *belle, nouvelle, folle, molle, vieille,* parce qu'on dit aussi au masculin *bel, nouvel, fol, mol, vieil,* devant une voyelle ou une *h* muette :

> La *belle* plume fait le *bel* oiseau. (Acad.)

Jumeau fait *jumelle* : cette noix est *jumelle.* (Acad.)

REMARQUES. I. Les adjectifs qui suivent, forment leur féminin d'une manière particulière:

Blanc,	*blanche.*	Grec,	*grecque.*	Coi,	*coite* (rare).
Franc,	*franche.*	Public,	*publique.*	Favori,	*favorite.*
Frais,	*fraîche.*	Turc,	*turque.*	Long,	*longue.*
Sec,	*sèche.*	Bénin,	*bénigne.*	Oblong,	*oblongue.*
Caduc,	*caduque.*	Malin,	*maligne.*	Tiers,	*tierce.*

II. Les adjectifs *aquilin, châtain, dispos, fat, hébreu, muscat, violat,* ne s'emploient qu'au masculin. *Capot, grognon, rosat, témoin,* sont des deux genres.

Formation du pluriel dans les adjectifs qualificatifs.

Règle générale.

§ 50. — On forme le pluriel dans les adjectifs qualificatifs en ajoutant une *s* au singulier :

Rien n'est moins *innocent* que les jeux *innocents*.

Exceptions.

1° Adjectifs terminés par s, x.

§ 51. — Les adjectifs terminés au singulier par *s, x,* comme *frais, gracieux,* ne changent pas au pluriel masculin :

Voilà de *frais* et *gracieux* visages. (Boiste.)

2° Adjectifs terminés par eau.

§ 52. — Les adjectifs terminés au singulier par *eau,* comme *beau,* prennent un *x* au pluriel masculin :

Ménageons l'amitié, même dans nos *beaux* jours.
(Du Tremblay.)

3° Adjectifs terminés par al.

§ 53. — La plupart des adjectifs terminés au singulier par *al,* comme *égal,* changent *al* en *aux* au pluriel masculin :

Telle est la montre qui chemine
A pas toujours *égaux.* (La Font.)

Fatal est le seul adjectif en *al* qui prenne une *s* au pluriel masculin. (Acad.)

Les adjectifs qui suivent, n'ont pas de pluriel masculin :

Amical,	*Colossal,*	*Jovial,*	*Partial,*
Arbitral,	*Frugal,*	*Natal,*	*Pascal,*
Automnal,	*Glacial,*	*Naval,*	*Pastoral.* (Acad.)

REMARQUE. Le pluriel féminin de tous les adjectifs qualificatifs se forme régulièrement par l'addition d'une *s* au féminin singulier.

II. ADJECTIFS DÉTERMINATIFS.

§ 54. — Les adjectifs *déterminatifs* sont ceux qui *limitent*, qui *précisent* la signification du substantif :

> *Deux* rats cherchaient *leur* vie ; ils trouvèrent *un* œuf.
> Le dîner suffisait à gens de *cette* espèce. (La Font.)

§ 55. — Les adjectifs déterminatifs limitent la signification du substantif en ajoutant à celui-ci une idée de nombre, d'indication, de possession, ou bien une idée vague de nombre ou de qualité.

De là quatre sortes d'adjectifs déterminatifs: les adjectifs *numéraux*, les adjectifs *démonstratifs*, les adjectifs *possessifs* et les adjectifs *indéfinis*.

ADJECTIFS NUMÉRAUX.

§ 56. — Les adjectifs *numéraux* sont ceux qui expriment ou le *nombre*, ou l'*ordre* de l'objet désigné par le nom qu'ils déterminent.

De là deux sortes d'adjectifs numéraux: les adjectifs numéraux *cardinaux* et les adjectifs numéraux *ordinaux*.

Adjectifs numéraux cardinaux.

§ 57. — Les adjectifs numéraux *cardinaux* sont ceux qui expriment le *nombre*, la *quantité*; tels sont: *un, deux, dix, vingt, cent*, etc.:

> *Cent* ans d'oisiveté ne valent pas *une* heure
> Que l'on a su bien employer. (De Fulvy.)

§ 58. — I. *Vingt* et *cent* prennent une s, lorsque, précédés d'un adjectif numéral qui les multiplie, ils ne sont suivis d'aucun autre nombre :

> Depuis quatre-*vingts* ans, de tout le voisinage,
> On venait écouter et suivre ses avis. (Florian.)

> On vient de me donner deux *cents* coups de bâton.
> (Molière.)

II. *Vingt* et *cent*, quoique multipliés, restent invariables quand ils sont suivis d'un autre nombre :

Adam vécut neuf *cent* trente ans. (De Sacy.)

J'ai quatre-*vingt*-trois ans, un siècle presque entier.
(G. Longhaye.)

III. *Vingt* et *cent* sont encore invariables, lorsqu'ils sont employés pour *vingtième, centième* :

Page deux *cent*, numéro quatre-*vingt*. (Boniface.)

Les autres adjectifs numéraux cardinaux sont toujours invariables, excepté *un* qui fait *une* au féminin.

REMARQUES. I. Dans la date ordinaire des années, et seulement depuis l'ère chrétienne, *mille* s'écrit généralement *mil* quand il est suivi d'un autre nombre : L'an *mil* sept cent. (Acad.)

II. Le mot *mille*, mesure de chemin, est un nom et prend une *s* au pluriel : Il courut dix *milles*. (Acad.)

Adjectifs numéraux ordinaux.

§ 59. — Les adjectifs numéraux *ordinaux* sont ceux qui expriment l'*ordre*, le *rang* ; tels sont: *premier, second* ou *deuxième, dixième, vingtième*, etc.:

Tel brille au *second* rang,qui s'éclipse au *premier*.
(Volt.)

§ 60. — A l'exception de *premier* et de *second*, les nombres ordinaux se forment des nombres cardinaux par l'addition de *ième*, si le nombre cardinal est terminé par une consonne; par le changement de *e* en *ième*, s'il est terminé par un *e* muet :

C'était vers le *dixième* ou le *onzième* siècle. (Bescher.)

Mais *cinq* fait *cinquième*, et *neuf neuvième* (1).

---

(1) On ne fait pas usage de la conjonction dans les nombres composés. Cependant on dit, par euphonie, *vingt et un, trente et un, quarante et un, cinquante et un, soixante et un, soixante et dix, soixante et onze*; mais on dit *quatre-vingt-un, quatre-vingt-dix, quatre-vingt-onze, cent un, cent onze*. Il en est de même pour les nombres ordinaux correspondants.

On dit aussi, mais moins ordinairement et moins bien pour l'euphonie, *soixante-un, soixante-dix*. (Acad.)

ADJECTIFS DÉMONSTRATIFS.

§ 61. — Les adjectifs *démonstratifs* sont ceux qui *montrent* ou qui rendent présent à l'esprit l'objet désigné par le nom qu'ils déterminent :

Ce bloc enfariné ne me dit rien qui vaille. (La Font.)

Les adjectifs démonstratifs sont :

Ce, cet, pour le masculin singulier.
Celle, pour le féminin singulier.
Ces, pour le pluriel des deux genres.

REMARQUE. On emploie *ce* devant un mot masculin singulier commençant par une consonne ou une *h* aspirée : *ce* bosquet, *ce* hameau ; on emploie *cet,* par euphonie, devant un mot masculin singulier commençant par une voyelle ou une *h* muette : *cet* air, *cet* habit.

On met toujours *ce* devant les mots *oui, uhlan, yacht, yatagan, yucca, onze, onzième.*

ADJECTIFS POSSESSIFS.

§ 62. — Les adjectifs *possessifs* sont ceux qui expriment *à qui appartient* l'objet désigné par le nom qu'ils déterminent :

Rendez-moi *mes* chansons et *mon* somme,
Et reprenez *vos* cent écus. (La Font.)

Les adjectifs possessifs sont :

SINGULIER.		PLURIEL.
Masculin.	Féminin.	Des deux genres.
Mon,	*Ma,*	*Mes,*
Ton,	*Ta,*	*Tes,*
Son,	*Sa,*	*Ses,*
Notre,	*Notre,*	*Nos,*
Votre,	*Votre,*	*Vos,*
Leur.	*Leur.*	*Leurs.*

REMARQUE. Par euphonie, on emploie *mon, ton, son,* au lieu de *ma, ta, sa,* devant un mot féminin singulier commençant par une voyelle ou une *h* muette : *mon* image, *ton* épée, *son* humeur.

GRAMM. FRANÇ. ÉLÉMENTAIRE. 2

ADJECTIFS INDÉFINIS.

§ 63. — Les adjectifs *indéfinis* sont ceux qui expriment d'une manière *vague, indéfinie*, le nombre ou la qualité de l'objet désigné par le nom qu'ils déterminent :

Aucun chemin de fleurs ne conduit à la gloire. (La Font.)

Les adjectifs indéfinis sont :

SINGULIER.		PLURIEL.	
Masculin.	Féminin.	Masculin.	Féminin.
Aucun,	*Aucune,*	*Aucuns,*	*Aucunes.*
Autre,	*Autre,*	*Autres,*	*Autres.*
Certain,	*Certaine,*	*Certains,*	*Certaines.*
Chaque,	*Chaque,*	»	»
Maint,	*Mainte,*	*Maints,*	*Maintes.*
Même,	*Même,*	*Mêmes,*	*Mêmes.*
Nul,	*Nulle,*	*Nuls,*	*Nulles.*
»	»	*Plusieurs,*	*Plusieurs.*
Quel,	*Quelle,*	*Quels,*	*Quelles.*
Quelconque,	*Quelconque.*	*Quelconques,*	*Quelconques.*
Quelque,	*Quelque,*	*Quelques,*	*Quelques.*
Tel,	*Telle,*	*Tels,*	*Telles.*
Tout,	*Toute,*	*Tous,*	*Toutes.*

ACCORD DE L'ADJECTIF.

§ 64. — L'adjectif s'accorde en genre et en nombre avec le nom ou le pronom auquel il se rapporte :

Chien *hargneux* a toujours l'oreille *déchirée*. (La Font.)

Accord de l'adjectif qualificatif avec plusieurs noms.

§ 65. — L'adjectif qui qualifie plusieurs noms du genre masculin, se met au masculin pluriel :

L'orgueil et le dédain sont *peints* sur son visage. (Rac.)

§ 66. — L'adjectif qui qualifie plusieurs noms du genre féminin, se met au féminin pluriel :

La victoire et la nuit, plus *cruelles* que nous,
Nous excitaient au meurtre et confondaient nos coups.
(Racine.)

§ 67. — L'adjectif qui qualifie plusieurs noms de différents genres, se met au masculin pluriel :

Les arbres et les plantes
Sont *devenus* chez moi créatures parlantes. (La Font.)

Accord de l'adjectif avec plusieurs noms de choses.

§ 68. — L'adjectif précédé de plusieurs noms de choses inanimées, ne s'accorde qu'avec le dernier :

1º Quand les noms ont à peu près le même sens :

J'aime sa fermeté, sa constance *invincible*. (Legrand.)

2º Quand les noms sont placés par gradation :

Il montre un calme, un sang-froid *admirable*. (Martin.)

3º Quand les noms sont unis par la conjonction *ou*, et que l'un exclue l'autre :

J'ai besoin d'une force ou d'une adresse *rare*. (Hareux.)

Hors de là, l'adjectif s'accorde avec les deux noms :

On demande une homme ou une femme *âgés*. (Boniface.)

EMPLOI DE L'ADJECTIF.

Adjectifs numéraux.

§ 69. — Par abbréviation, on emploie souvent l'adjectif numéral cardinal, au lieu de l'adjectif numéral ordinal, pour indiquer l'heure, le jour du mois ou de la lune, l'année, l'ordre dans les souverains de même nom :

Que ne brodez-vous donc sur un thème plus neuf ?
Parlez-nous du progrès et de *quatre-vingt-neuf* !
(Ch. Clair.)

Adjectifs possessifs.

§ 70. — Au lieu de l'adjectif possessif, on emploie simplement l'article quand le sens indique clairement l'objet possesseur :

Les cheveux cependant me dressaient à *la* tête. (Boil.)

Mais on emploie l'adjectif possessif pour désigner quelque chose d'habituel et de périodique :

Votre sœur est encore sujette à *sa* migraine. (Racine.)

§ 71. — Quand il s'agit de ce qui appartient aux choses inanimées, on emploie *son, sa, ses, leur, leurs,* lorsque l'objet possesseur se trouve dans la même proposition comme sujet ou comme complément du verbe :

La guerre a *ses* douceurs. (La Font.)
Il donne aux fruits *leur* aimable peinture. (Racine.)

Hors de là, on se sert de l'article et du pronom *en* :

Nourri dans le sérail, j'*en* connais *les* détours. (Racine.)

Mais on emploie toujours *son, sa, ses, leur, leurs,* quand l'objet possédé est sujet d'un verbe autre que le verbe *être,* ou complément d'une préposition :

J'aperçois le soleil : quelle *en* est la figure ?
Sa distance me fait juger de *sa* grandeur. (La Font.)

Adjectifs indéfinis.

§ 72. *Chaque* doit toujours être suivi d'un nom :

Chaque nouveau *guerrier* sur l'angora s'élance,
Et réveille le chat qui dort. (Florian.)

Ne dites donc pas : Ces livres coûtent douze francs *chaque,* mais douze francs *chacun.* (Acad.)

§ 73. *Aucun, nul,* employés dans le sens de *pas un,* ne se mettent au pluriel qu'avec un nom qui n'a pas de singulier, ou qui, au pluriel, n'a pas la même signification qu'au singulier :

On ne lui fit *aucunes funérailles.* (Boniface.)
Nulles troupes ne sont mieux exercées. (id.)

Au singulier, *troupe* signifie une multitude ; au pluriel, *troupes* signifie soldats.

DU PRONOM.

§ 74. — Le *pronom* est un mot *qui tient la place du nom* :

Nulle paix pour l'impie. *Il la* cherche, *elle* fuit. (Rac.)

§ 75. — Le pronom tient simplement la place du nom, ou bien il le rappelle en y ajoutant une idée d'indication, de possession, de relation, de généralité.

De là cinq sortes de pronoms: les pronoms *personnels*, les pronoms *démonstratifs*, les pronoms *possessifs*, les pronoms *relatifs* et les pronoms *indéfinis*.

PRONOMS PERSONNELS.

§ 76. — Les pronoms *personnels* sont ceux qui désignent plus spécialement les *personnes*.

On appelle *personnes*, en grammaire, les rôles que les personnes et les choses jouent dans le discours.

Il y a trois personnes: la première est celle qui parle; la deuxième est celle à qui l'on parle; la troisième est celle de qui l'on parle.

Les pronoms personnels sont:

1ʳᵉ PERSONNE.	2ᵉ PERSONNE.	3ᵉ PERSONNE.		
Des deux genres.	Des deux genres.	Masculin.	Féminin.	Des deux genres.
Sing. { Je,	Tu,	Il,	Elle,	{ En, y,
Me,	Te,	Le,	La, Des 2 Nombres.	{ Se,
Moi,	Toi,	Lui,	Lui,	Soi,
Plur. Nous.	Vous.	Ils, eux.	Elles.	Les, leur.

Pronoms personnels composés.

§ 77. — En combinant l'adjectif indéfini *même* avec les pronoms *moi, toi, soi, lui, elle, nous, vous, eux, elles,* on a formé des pronoms personnels composés:

Il n'est meilleur ami ni parent que *soi-même*. (La Font.)

PRONOMS DÉMONSTRATIFS.

§ 78. — Les pronoms *démonstratifs* sont ceux qui montrent ou qui rendent présent à l'esprit l'objet désigné par le nom qu'ils remplacent :

C'est un méchant métier que *celui* de médire. (Boileau.)

Les pronoms démonstratifs sont :

SINGULIER.		PLURIEL.	
Masculin.	Féminin.	Masculin.	Féminin.
Celui,	*Celle,*	*Ceux,*	*Celles,*
Celui-ci,	*Celle-ci,*	*Ceux-ci,*	*Celles-ci,*
Celui-là.	*Celle-là.*	*Ceux-là.*	*Celles-là.*

Singulier masculin.

Ce,	*Ceci,*	*Cela,*	*Ça.*

REMARQUE. *Ce* est adjectif quand il est suivi d'un nom ; il est pronom dans le cas contraire.

PRONOMS POSSESSIFS.

§ 79. — Les pronoms *possessifs* sont ceux qui expriment *à qui appartient* l'objet désigné par le nom qu'ils remplacent :

Le mal d'autrui ne guérit pas *le nôtre.* (Prov.)

Les pronoms possessifs sont :

SINGULIER.		PLURIEL.	
Masculin.	Féminin.	Masculin.	Féminin.
Le mien,	*La mienne,*	*Les miens,*	*Les miennes,*
Le tien,	*La tienne,*	*Les tiens,*	*Les tiennes,*
Le sien,	*La sienne,*	*Les siens,*	*Les siennes,*
Le nôtre,	*La nôtre,*	*Les nôtres,*	*Les nôtres,*
Le vôtre,	*La vôtre,*	*Les vôtres,*	*Les vôtres,*
Le leur.	*La leur.*	*Les leurs.*	*Les leurs.*

REMARQUE. Les pronoms *nôtre, vôtre,* toujours joints à l'article, prennent un accent circonflexe ; les adjectifs *notre, votre,* toujours suivis d'un nom, ne prennent pas d'accent.

PRONOMS RELATIFS.

§ 80. — Les pronoms *relatifs* sont ceux qui se trouvent toujours, dans la même phrase, *en rapport* immédiat avec le nom ou le pronom qu'ils remplacent, et qu'on nomme *antécédent* :

> On n'aime point à voir ceux *à qui* l'on doit tout. (Corn.

On les appelle aussi pronoms *conjonctifs*, parce qu'ils servent à *joindre* une proposition à leur antécédent.

Les pronoms relatifs sont :

SINGULIER.		PLURIEL.	
Masculin.	Féminin.	Masculin.	Féminin.
Lequel,	*Laquelle.*	*Lesquels,*	*Lesquelles.*
Duquel,	*De laquelle,*	*Desquels,*	*Desquelles.*
Auquel.	*A laquelle.*	*Auxquels.*	*Auxquelles.*

Des deux genres et des deux nombres.

Qui,	*Que,*	*Quoi,*	*Dont, où.*

REMARQUE. *Que* est pronom relatif quand il peut se tourner par *lequel, laquelle, lesquels, lesquelles* :

> Le soin de soulager les maux
> Est une charité *que* je préfère aux autres. (La Font.

PRONOMS INDÉFINIS.

§ 81. — Les pronoms *indéfinis* sont ceux qui font connaître d'une manière *vague* ou *générale* l'objet désigné par le nom qu'ils remplacent :

> *Nul* n'aura de l'esprit, hors nous et nos amis. (Molière.)

Les pronoms indéfinis sont :

Aucun,	*L'un,*	*Personne.*	*Qui, que, quoi.*
Autre,	*L'autre,*	*Plusieurs,*	*Quelqu'un.*
Certains,	*Nul,*	*Pas un,*	*Quiconque.*
Chacun,	*On,*	*Quel, lequel,*	*Rien, tel, tout.*

REMARQUE. *Quel, lequel, qui, que, quoi,* sont pronoms indéfinis quand ils n'ont pas d'antécédent exprimé; dans ce cas, on les appelle encore pronoms *absolus* :

> *Qui* donne aux pauvres prête à Dieu. (Prov.)

ACCORD DU PRONOM.

§ 82. — Le pronom s'accorde en genre, en nombre et en personne avec le nom qu'il remplace :

Le *moineau* du voisin viendra manger *le nôtre*! (La F.)
De quand sont vos *jambons*? *Ils* ont fort bonne mine. (id.)

REMARQUE. Le pronom ne peut remplacer qu'un nom pris dans un sens déterminé, c'est-à-dire précédé de l'article ou d'un adjectif déterminatif :

On cherche *les rieurs*, et moi je *les* évite. (La Font.)
J'avais *une marmotte, elle* est morte de faim. (Guiraud.

EMPLOI DU PRONOM.

Pronoms personnels.

§ 83. — *Je, tu, il, elle, nous, vous, ils, elles*, s'emploient comme sujets du verbe :

Il se tue à rimer : que n'écrit-*il* en prose ? (Boileau.)

§ 84. — *Me, te, se, le, la, les, nous, vous*, s'emploient comme compléments directs du verbe :

Je *vous* estime fort, *vous* aime et *vous* révère. (Molière.)

§ 85 — *Me, te, se, lui, nous, vous, leur, en, y*, s'emploient comme compléments indirects du verbe :

Je promets d'observer ce que la loi *m*'ordonne. (Rac.)

§ 86. — *Lui, elles, eux, elles*, employés comme compléments directs ou précédés des prépositions *de, à*, et *lui, leur*, mis pour *à lui, à elle, à eux, à elles*, ne se disent que des personnes et des choses personnifiées :

O Mort, *lui* disait-il, que tu me sembles belle ! La Font.)

En parlant des choses, on doit se servir de *en, y* :

La fortune a son prix ; l'imprudent *en* abuse,
L'hypocrite *en* médit, et l'honnête homme *en* use.
(Delille.)

§ 87. — *Le* est variable quand il signifie *lui, elle, eux, elles* ; il reste invariable quand il veut dire *cela.* Ainsi,

1. *Le* est variable quand il remplace un substantif déterminé, ou un adjectif pris substantivement :

> Miracle ! criait-on, venez voir dans les nues
> Passer la reine des tortues.—
> *La reine* ! vraiment oui ; je *la* suis en effet. (La Font.)
> Je serai *la malade*, et toi tu *la* feras. (Bescher.)

C'est-à-dire je suis *elle*, la reine ; tu feras *elle*, la malade.

II. *Le* est invariable quand il remplace un adjectif ou un substantif pris adjectivement :

> *Vertueux* jusqu'ici, vous pouvez toujours *l'*être. (Rac.
> Etes-vous médecins? — Nous *le* sommes. (Bonif.)

C'est-à-dire vous pouvez toujours être *cela*, vertueux : nous sommes *cela*, médecins.

Le est encore invariable quand il tient la place d'un verbe ou d'une proposition :

> Petits esprits, *ce que je viens de dire,*
> C'est bien pour vous que je *l'*ai dit ;
> Il ne suffit pas de tout lire,
> Il faut digérer ce qu'on lit. (De Boufflers.)

Pronoms démonstratifs.

Celui-ci, Celui-là.

§ 88. — *Celui-ci* s'oppose souvent à *celui-là*. *Celui-ci* désigne alors l'objet le plus rapproché, ou dont on a parlé en dernier lieu, et *celui-là*, l'objet le plus éloigné, ou dont on a parlé en premier lieu :

> Tel est l'avantage ordinaire
> Qu'ont sur la *beauté* les *talents* :
> *Ceux-ci* plaisent dans tous les temps,
> *Celle-là* n'a qu'un temps pour plaire. (Vitalis.)

2.

Pronoms indéfinis.

§ 89. — *On* est toujours sujet et veut le verbe au singulier, même quand il désigne plusieurs personnes :

On *peut* être rivaux sans cesser d'être amis. (G. Duviv.)

Quoique masculin de sa nature, *on* devient féminin quand il désigne une femme :

A vôtre âge, ma fille, *on* est bien *curieuse*. (Marmontel.)

§ 90. — *Tel* peut être suivi de *qui*, bien qu'il en soit ordinairement séparé :

Tel qui rit vendredi, dimanche pleurera. (Racine.)

§ 91. — *L'un et l'autre* désigne deux objets de même espèce :

L'un et l'autre, à mon sens, ont le cerveau troublé.
(Boileau.)

L'un l'autre exprime de plus la réciprocité :

En ce monde, il se faut *l'un l'autre* secourir. (La Font.)

Chacun suivi de *son, sa, ses,* ou de *leur, leurs*.

§ 92. — *Chacun*, précédé d'un nom ou d'un pronom pluriel, veut après lui *son, sa, ses,* ou *leur, leurs*.

I. Il veut *son, sa, ses*, lorsqu'il est placé après le complément direct du verbe :

Deux chèvres donc s'émancipant,
Toutes deux ayant patte blanche,
Quittèrent les bas prés, chacune de *sa* part. (La Font.)

II. Il veut *leur, leurs*, lorsqu'il est placé avant le complément direct du verbe :

Les abeilles bâtissent chacune *leur* cellule. (Buffon.)

DU VERBE.

§ 93. — Le *verbe* est un mot qui affirme l'état ou l'action des personnes et des choses :

Où la guêpe *a passé*, le moucheron *demeure*. (La Font.)

Le verbe *a passé* exprime une action, et affirme en même temps que la guêpe a fait cette action ; de même, le verbe *demeure* exprime un état, et affirme en même temps que le moucheron est dans cet état.

Du Sujet et des Compléments du verbe.

SUJET.

§ 94. — La personne ou la chose qui est dans l'état ou qui fait l'action exprimée par le verbe, s'appelle *sujet* :

Nous rendrons à chacun son argent à la porte. (La Font.)

On trouve le sujet en mettant *qui* interrogatif devant le verbe. La réponse indique le sujet : *Qui* rendra ? *nous*; *nous* est le sujet du verbe *rendrons*.

COMPLÉMENTS.

§ 95. — On appelle *compléments* d'un verbe les mots qui *complètent* l'idée commencée par ce verbe.

Le verbe peut avoir trois sortes de compléments : le complément *direct*, le complément *indirect* et le complément *circonstanciel*.

Complément direct.

§ 96. — Le complément *direct* est le mot qui complète *directement*, c'est-à-dire sans le secours d'une préposition, l'idée commencée par le verbe :

Nous rendrons à chacun *son argent* à la porte.

On trouve le complément direct en mettant *qui* ou *quoi* après le verbe : Nous rendrons *quoi? son argent*; *son argent* est le complément direct de *nous rendrons*.

Complément indirect.

§ 97. — Le complément *indirect* est le mot qui complète *indirectement*, c'est-à-dire avec le secours d'une préposition, l'idée commencée par le verbe :

Nous rendrons *à chacun* son argent à la porte.

On trouve le complément indirect en mettant *à qui, à quoi ; de qui, de quoi*, etc., après le verbe : Nous rendrons *à qui ? à chacun ; à chacun* est le complément indirect de *nous rendrons*.

Complément circonstanciel.

§ 98. — Le complément *circonstanciel* est un mot ou une réunion de mots qui complètent l'idée exprimée par le verbe, en marquant une *circonstance* de lieu, de temps, de manière, de cause, etc., qui la modifie :

Nous rendrons à chacun son argent *à la porte*.

On trouve le complément circonstanciel en mettant *où, quand, comment, pourquoi ?* etc., après le verbe : Nous rendrons *où ? à la porte ; à la porte* est le complément circonstanciel de *nous rendrons*.

REMARQUE. Il ne faut pas confondre le complément indirect avec le complément circonstanciel.

Le complément indirect sert à indiquer soit le terme où aboutit une action, soit le point d'où elle part ; le complément circonstanciel n'indique ni l'un ni l'autre.

De plus, le complément indirect est nécessaire au sens du verbe, tandis que le complément circonstanciel est simplement explicatif :

Après quelques moments l'appétit vint : l'oiseau,
S'approchant *du bord*, vit *sur l'eau*
Des tanches qui sortaient *du fond de ces demeures.*
(La Font.)

Dans cet exemple, *du bord, du fond,* sont des compléments indirects ; *après quelques moments, sur l'eau,* sont des compléments circonstanciels.

DES DIFFÉRENTES SORTES DE VERBES.

§ 99. Il y a deux sortes de verbes : le verbe *substantif* et le verbe *attributif* ou *adjectif*.

VERBE SUBSTANTIF.

§ 100. — Le verbe *substantif* est celui qui *subsiste* par lui-même, et qui ne renferme en soi aucun attribut.

Il n'y a qu'un seul verbe substantif, c'est le verbe *être*.

VERBES ATTRIBUTIFS.

§ 101. — Le verbe *attributif* est celui qui renferme en soi le verbe *être* et un *attribut*. Ainsi *jouer, courir*, sont des verbes attributifs, parce qu'ils équivalent à *être jouant, être courant*.

A l'exception de *être* (1), tous les verbes sont attributifs.

§ 102. — Il y cinq sortes de verbes attributifs : les verbes *actifs* ou *transitifs*, les verbes *passifs*, les verbes *neutres* ou *intransitifs*, les verbes *pronominaux* ou *réfléchis* et les verbes *impersonnels*.

VERBES ACTIFS.

§ 103. — Le verbe *actif* ou *transitif* est celui qui exprime une *action* qui *passe* du sujet à un complément direct :

Le chat *tenait* déjà la souris par la tête. (La Font.)

On reconnaît qu'un verbe est actif quand on peut mettre immédiatement après lui *quelqu'un* ou *quelque chose*.

VERBES PASSIFS.

§ 104. — Le verbe *passif* est celui qui exprime une action *soufferte* ou reçue par le sujet :

De larrons à larrons il est bien des degrés :
Les petits *sont pendus*, et les grands *sont titrés*.
(De Neufchâteau.)

---

(1) Le verbe *être* lui-même est attributif quand il signifie *exister* (être existant) : Cela *fut* et *sera* toujours. (La Font.)

VERBES NEUTRES.

§ 105. — Le verbe *neutre* ou *intransitif* est celui qui exprime l'état du sujet ou une action qui *ne passe pas* du sujet à un complément direct :

> L'inimitié *succède* à l'amitié trahie. (Racine.)

On reconnaît qu'un verbe est neutre quand on ne peut pas mettre immédiatement après lui *quelqu'un* ou *quelque chose*.

REMARQUE. Un verbe neutre de sa nature devient actif quand il a un complément direct :

> Rarement à *courir* le monde.
> Devient-on plus homme de bien. (La Font.)

Réciproquement, un verbe actif de sa nature devient neutre, lorsqu'il n'a pas de complément direct :

> Il fait bon *craindre*, encor que l'on soit saint. (La Font.)

VERBES PRONOMINAUX.

§ 106. — Le verbe *pronominal* est celui qui se conjugue avec *deux pronoms* de la même personne (1) :

> On fait beaucoup de bruit, et puis *on se console* :
> Sur les ailes du temps la tristesse *s'envole*. (La Font.)

On l'appelle aussi verbe *réfléchi*, parce qu'il exprime une action qui, partant du sujet, *se réfléchit* et retombe sur le sujet lui-même.

§ 107. — Les verbes pronominaux se divisent en verbes *essentiellement* pronominaux et en verbes *accidentellement* pronominaux.

I. Les verbes *essentiellement* pronominaux sont ceux qui ne peuvent se conjuguer autrement qu'avec deux pronoms de la même personne :

> Un loup parut, tout le troupeau *s'enfuit*. (La Font.)

Un verbe est essentiellement pronominal quand il est nécessairement précédé de *se* à l'infinitif.

____

(1) A la troisième personne, le premier pronom est souvent remplacé par un nom.

II. Les verbes *accidentellement* pronominaux sont ceux qui peuvent se conjuguer aussi avec un seul pronom :

> Sur différentes fleurs l'abeille *se repose*,
> Et fait du miel de toute chose. (La Font.)

REMARQUE. Les verbes accidentellement pronominaux ont souvent un sens purement passif :

> Faut-il que vous trouviez étrange
> Que les chats-huants d'un pays
> Où le quintal de fer par un seul rat *se mange*,
> Enlèvent un garçon pesant un demi-cent ? (La Font.)

C'est-à-dire *est mangé* par un seul rat.

§ 108. — Certains verbes accidentellement pronominaux deviennent verbes *réciproques*, lorsqu'ils ont plusieurs sujets qui font l'un sur l'autre l'action exprimée par le verbe :

> Pour un âne enlevé deux voleurs *se battaient.*(La Font.

VERBES IMPERSONNELS.

§ 109. — Le verbe *impersonnel* est celui qui ne s'emploie qu'à la troisième personne du singulier :

> Rien ne sert de courir, *il faut* partir à point.(La Font.

On reconnaît qu'un verbe est impersonnel quand on ne peut pas remplacer le sujet apparent *il* par un nom.

REMARQUE. Un grand nombre de verbes, qui ont toutes les personnes dans tous leurs temps, peuvent être employés accidentellement comme verbes impersonnels :

> D'abord il s'y prit mal, puis un peu mieux, puis bien :
> Puis enfin *il* n'y *manqua* rien. (La Font.)

Verbes auxiliaires.

§ 110. — Le verbe *avoir* et le verbe *être* s'appellent verbes *auxiliaires*, lorsqu'ils *aident* à former les temps composés des autres verbes :

> Un souriceau tout jeune et qui n'*avait* rien *vu*,
> *Fut* presque *pris* au dépourvu. (La Font.

RADICAL ET TERMINAISON.

§ 111. — Dans tout verbe, on distingue le *radical* et la *terminaison*.

Le *radical* exprime l'état ou l'action marquée par le verbe ; c'est la partie du verbe qui ne change pas.

La *terminaison* est la partie variable du verbe. Elle est sujette à quatre sortes de changements : le *nombre*, la *personne*, le *mode* et le *temps*.

NOMBRES.

§ 112. — Le *nombre* est la terminaison que prend le verbe pour indiquer qu'il se rapporte à un sujet singulier ou pluriel :

> *Guillot*, le vrai Guillot, étendu sur l'herbette,
>> *Dormait* alors profondément.
> Son *chien dormait* aussi, comme aussi sa musette ;
> La plupart des *brebis dormaient* pareillement. (La Font.)

PERSONNES.

§ 113. — La *personne* est la terminaison que prend le verbe pour indiquer qu'il se rapporte à un sujet de la première, de la deuxième ou de la troisième personne :

> Vous m'*entendez*, je vous *entends*. (La Font.)

MODES.

§ 114. — Le *mode* est la terminaison que prend le verbe pour indiquer *de quelle manière* il présente l'état ou l'action qu'il exprime.

Il y a six modes : l'*indicatif*, le *conditionnel*, l'*impératif*, le *subjonctif*, l'*infinitif* et le *participe*.

1. L'Indicatif présente la chose (état ou action) comme *positive* et *absolue* :

> Leur amitié *fut* courte autant qu'elle *était* rare.
> Le sang les *avait joints*, l'intérêt les *sépare*. (La Font.)

II. Le Conditionnel présente la chose comme *dépendante d'une condition* :

> S'il m'en restait un seul, *j'adoucirais* ma plainte. (La F.)

III. L'Impératif présente la chose comme *prescrite, défendue, conseillée*, etc.:

> *Creusez, fouillez, bêchez ; ne laissez* nulle place
> Où la main ne passe et repasse. (La Font.)

IV. Le Subjonctif présente la chose comme *douteuse* ou *dépendante* d'une autre :

> Il faut des châtiments dont l'univers *frémisse.* (Racine.)
> Un lion décrépit, goutteux, n'en pouvant plus,
> Voulait que l'on *trouvât* remède à la vieillesse.
> (La Font.)

V. L'Infinitif présente la chose comme *générale* et *indéfinie ;* c'est une sorte de nom invariable :

> *Alléguer* l'impossible aux rois, c'est un abus. (La Font.)

VI. Le Participe présente la chose comme *attribuée* aux personnes et aux choses ; c'est une sorte d'adjectif :

> Un bienfait *reproché* tient toujours lieu d'offense.
> (Racine.)

Modes personnels et modes impersonnels.

§ 115. — Les modes se divisent en modes *personnels* et en modes *impersonnels.*

Les modes *personnels,* c'est-à-dire ceux qui ont des personnes, sont : l'*indicatif,* le *conditionnel,* l'*impératif* et le *subjonctif.*

Les modes *impersonnels,* c'est-à-dire ceux qui n'ont pas de personnes, sont l'*infinitif* et le *participe.*

TEMPS.

§ 116. — Le *temps* est la terminaison que prend le verbe pour indiquer que la chose qu'il exprime est *présente, passée* ou *future.*

Il y a dans les verbes, comme dans la durée, *trois temps* principaux : le *présent,* le *passé* et le *futur.*

§ 117. — Le Présent marque que la chose (état ou action) est ou se fait au moment de la parole :

> Le moment où je *parle est* déjà loin de moi. (Boileau.)

Le présent n'a qu'un temps, parce que tout ce qui n'est pas rigoureusement présent, est passé ou futur. Mais une chose peut être plus ou moins passée, plus ou moins future.

De là plusieurs sortes de passé et de futur.

§ 118. — Il y a cinq sortes de *passé* : l'*imparfait*, le *parfait défini*, le *parfait indéfini*, le *parfait antérieur* et le *plus-que-parfait*.

I. L'IMPARFAIT marque une chose actuellement passée, mais *qui était encore présente* par rapport à une autre également passée :

Il *était*, quand je l'eus, de grosseur raisonnable.

(La Font.)

II. LE PARFAIT DÉFINI marque qu'une chose a été ou s'est faite dans un temps *déterminé et entièrement passé* :

Le marchand repartit : Hier au soir, sur la brune,
Un chat-huant *s'en vint* votre fils enlever :
Vers un vieux bâtiment *je* le lui *vis* porter. (La Font.)

III. LE PARFAIT INDÉFINI marque qu'une chose a été ou s'est faite dans un temps *déterminé* ou *indéterminé* :

Je vous *ai écrit* ce matin. (Fénelon).
De nos biens *il s'est fait* un palais. (La Font.)

IV. LE PARFAIT ANTÉRIEUR marque qu'une chose a été ou s'est faite immédiatement *avant* une autre qui est également passée :

Quand *il eut ruminé* tout le cas en sa tête,
Il dit que du labeur des ans
Pour nous seuls il portait les soins les plus pesants.

(La Font.)

V. LE PLUS-QUE-PARFAIT marque qu'une chose a été ou s'est faite, immédiatement ou non, avant une autre qui est également passée ; il désigne en quelque sorte *doublement le passé* :

J'avais prévu ma chute en montant sur le faîte.

(La Font.)

§ 119. — Il y a deux sortes de *futur* : le futur *simple* et le futur *antérieur*.

I. LE FUTUR SIMPLE marque simplement qu'une chose sera ou se fera :

Venez me voir chez moi, *je vous ferai* festin. (La Font.)

II. LE FUTUR ANTÉRIEUR marque qu'une chose sera ou se fera *avant* une autre qui est également future :

Quand le moment viendra d'aller trouver les morts,
J'aurai vécu sans soins et mourrai sans remords.
(La Font.)

Temps simples et temps composés.

§ 120. — Les temps sont *simples* ou *composés*.

Les temps *simples* sont ceux qui se forment sans le secours d'un verbe auxiliaire :

Un sage *suit* la mode, et tout bas il s'en moque.

Les temps *composés* sont ceux qui se forment avec le secours d'un verbe auxiliaire :

Des solides plaisirs *je n'ai suivi* que l'ombre. (La Font.)

CONJUGAISONS.

§ 121. — *Conjuguer* un verbe, c'est *joindre* au radical qui lui est propre (1) toutes les terminaisons qui distinguent entre eux les temps, les modes, les personnes et les nombres.

De là on appelle *conjugaison* l'ensemble des terminaisons d'un verbe.

§ 122. — Il y a quatre conjugaisons, que l'on distingue entre elles par la terminaison du présent de l'infinitif.

La 1re conjugaison a l'infinitif en *er*, comme *aim* -*er*.
La 2e conjugaison a l'infinitif en *ir*, comme *fin* -*ir*.
La 3e conjugaison a l'infinitif en *oir*, comme *recev* -*oir*.
La 4e conjugaison a l'infinitif en *re*, comme *rend* -*re*.

Avant de donner les modèles des quatre conjugaisons, il convient de conjuguer les deux verbes auxiliaires.

---

(1) Le radical est la partie du verbe qui précède la terminaison *er*, *ir*, *oir* ou *re* de l'infinitif présent.

	MODES		
	INDICATIF.	**CONDITIONNEL.**	**IMPÉRATIF.**
TEMPS SIMPLES	PRÉSENT. J' ai. Tu as. Il a. Nous avons. Vous avez. Ils ont.	J' aurais. Tu aurais. Il aurait. Nous aurions. Vous auriez. Ils auraient.	Aie. Ayons. Ayez.
	IMPARFAIT. J' avais. Tu avais. Il avait. Nous avions. Vous aviez. Ils avaient.		
	PARFAIT DÉFINI. J' eus. Tu eus. Il eut. Nous eûmes. Vous eûtes. Ils eurent.		
	FUTUR SIMPLE. J' aurai. Tu auras. Il aura. Nous aurons. Vous aurez. Ils auront.		
TEMPS COMPOSÉS	PARFAIT INDÉFINI. J' ai eu. Tu as eu. Il a eu. Nous avons eu. Vous avez eu. Ils ont eu.	J' aurais eu. Tu aurais eu. Il aurait eu. Nous aurions eu. Vous auriez eu. Ils auraient eu. (1)	
	PARFAIT ANTÉRIEUR. J' eus eu. Tu eus eu. Il eut eu. Nous eûmes eu. Vous eûtes eu. Ils eurent eu.		
	PLUS-QUE-PARFAIT. J' avais eu. Tu avais eu. Il avait eu. Nous avions eu. Vous aviez eu. Ils avaient eu.		
	FUTUR ANTÉRIEUR. J' aurai eu. Tu auras eu. Il aura eu. Nous aurons eu. Vous aurez eu. Ils auront eu.		Aie eu. Ayons eu. Ayez eu.

(1) *On dit aussi :* J'eusse eu, tu eusses eu, il eût eu ;

MODES

SUBJONCTIF.	INFINITIF.	PARTICIPE.
Que j' aie.		
Que tu aies.		
Qu' il ait.		
Que nous ayons.	Avoir.	Ayant.
Que vous ayez.		
Qu' ils aient.		
Que j' eusse.		
Que tu eusses.		
Qu' il eût.		
Que nous eussions.		
Que vous eussiez.		
Qu' ils eussent.		
Que j' aie eu.		
Que tu aies eu.		
Qu' il ait eu.		
Que nous ayons eu.	Avoir eu.	Ayant eu.
Que vous ayez eu.		
Qu' ils aient eu.		
Que j' eusse eu.		
Que tu eusses eu.		
Qu' il eût eu.		
Que nous eussions eu.		
Que vous eussiez eu.		
Qu' ils eussent eu.		

nous eussions eu, vous eussiez eu, ils eussent eu.

MODES

TEMPS SIMPLES

	INDICATIF	CONDITIONNEL	IMPÉRATIF
	PRÉSENT.		
	Je suis.	Je serais.	
	Tu es.	Tu serais.	Sois.
	Il est.	Il serait.	
	Nous sommes.	Nous serions.	Soyons.
	Vous êtes.	Vous seriez.	Soyez.
	Ils sont.	Ils seraient.	
	IMPARFAIT.		
	J' étais.		
	Tu étais.		
	Il était.		
	Nous étions.		
	Vous étiez.		
	Ils étaient.		
	PARFAIT DÉFINI.		
	Je fus.		
	Tu fus		
	Il fut.		
	Nous fûmes.		
	Vous fûtes.		
	Ils furent.		
	FUTUR SIMPLE.		
	Je serai.		
	Tu seras.		
	Il sera.		
	Nous serons.		
	Vous serez		
	Ils seront.		

TEMPS COMPOSÉS

	INDICATIF	CONDITIONNEL	IMPÉRATIF
	PARFAIT INDÉFINI.		
	J' ai été.	J' aurais été.	
	Tu as été.	Tu aurais été.	
	Il a été.	Il aurait été.	
	Nous avons été.	Nous aurions été.	
	Vous avez été.	Vous auriez été.	
	Ils ont été.	Ils auraient été. (1)	
	PARFAIT ANTÉRIEUR.		
	J' eus été.		
	Tu eus été.		
	Il eut été.		
	Nous eûmes été.		
	Vous eûtes été.		
	Ils eurent été.		
	PLUS-QUE-PARFAIT.		
	J' avais été.		
	Tu avais été.		
	Il avait été.		
	Nous avions été.		
	Vous aviez été.		
	Ils avaient été.		
	FUTUR ANTÉRIEUR.		
	J' aurai été.		
	Tu auras été.		
	Il aura été.		Aie été.
	Nous aurons été.		
	Vous aurez été.		Ayons été.
	Ils auront été.		Ayez été.

(1) *On dit aussi :* J'eusse été, tu eusses été, il eût été ;

MODES

SUBJONCTIF.	INFINITIF.	PARTICIPE.
Que je sois. Que tu sois. Qu' il soit. Que nous soyons. Que vous soyez. Qu' ils soient.	Être.	Étant.
Que je fusse. Que tu fusses. Qu' il fût. Que nous fussions. Que vous fussiez. Qu' ils fussent.		
Que j' aie été. Que tu aies été. Qu' il ait été. Que nous ayons été. Que vous ayez été. Qu' ils aient été.	Avoir été.	Ayant été.
Que j' eusse été. Que tu eusses été. Qu' il eût été. Que nous eussions été. Que vous eussiez été. Qu' ils eussent été.		

nous eussions été, vous eussiez été, ils eussent été.

MODES		
INDICATIF.	**CONDITIONNEL.**	**IMPÉRATIF.**

TEMPS SIMPLES

PRÉSENT.

INDICATIF	CONDITIONNEL	IMPÉRATIF
J' aim e.	J' aim erais.	
Tu aim es.	Tu aim erais.	Aim e.
Il aim e.	Il aim erait.	
Nous aim ons.	Nous aim erions.	Aim ons.
Vous aim ez.	Vous aim eriez.	Aim ez.
Ils aim ent.	Ils aim eraient.	

IMPARFAIT.

J' aim ais.
Tu aim ais.
Il aim ait.
Nous aim ions.
Vous aim iez.
Ils aim aient.

PARFAIT DÉFINI.

J' aim ai.
Tu aim as.
Il aim a.
Nous aim âmes.
Vous aim âtes.
Ils aim èrent.

FUTUR SIMPLE.

J' aim erai.
Tu aim eras.
Il aim era.
Nous aim erons.
Vous aim erez.
Ils aim eront

TEMPS COMPOSÉS

PARFAIT INDÉFINI.

INDICATIF	CONDITIONNEL
J' ai aim é.	J' aurais aim é.
Tu as aim é.	Tu aurais aim é.
Il a aim é.	Il aurait aim é.
Nous avons aim é	Nous aurions aim é.
Vous avez aim é.	Vous auriez aim é.
Ils ont aim é.	Ils auraient aim é (2)

PARFAIT ANTÉRIEUR.

J' eus aim é.
Tu eus aim é.
Il eut aim é.
Nous eûmes aim é.
Vous eûtes aim é.
Ils eurent aim é. (1)

PLUS-QUE-PARFAIT.

J' avais aim é.
Tu avais aim é.
Il avait aim é.
Nous avions aim é.
Vous aviez aim é.
Ils avaient aim é.

FUTUR ANTÉRIEUR.

INDICATIF	IMPÉRATIF
J' aurai aim é.	
Tu auras aim é.	
Il aura aim é.	Aie aim é.
Nous aurons aim é.	Ayons aim é.
Vous aurez aim é.	Ayez aim é.
Ils auront aim é.	

(1) On emploie encore, mais rarement, dans les quatre conjugaisons, un autre parfait : *J'ai eu aimé, j'ai eu fini*, etc.

MODES

SUBJONCTIF.	INFINITIF.	PARTICIPE.
Que j' aim e.		
Que tu aim es.		
Qu' il aim e.	Aim er.	Aim ant.
Qne nous aim ions.		
Que vous aim iez.		
Qu' ils aim ent.		
Que j' aim asse.		
Que tu aim asses.		
Qu' il aim ât.		
Que nous aim assions.		
Que vous aim assiez.		
Qu' ils aim assent.		
Que j' aie aim é.		
Que tu aies aim é.		
Qu' il ait aim é.	Avoir aim é.	Ayant aim é.
Qne nous ayons aim é.		
Que vous ayez aim é.		
Qu' ils aient aim é.		
Que j' eusse aim é.		
Que tu eusses aim é.		
Qu' il eût aim é		
Que nous eussions aim é.		
Que vous eussiez aim é.		
Qu' ils eussent aim é.		

(2) On dit aussi, dans les quatre conjugaisons : *J'eusse aimé, j'eusse fini, j'eusse reçu, j'eusse rendu,* etc.

GRAMM. FRANÇ. ÉLÉMENTAIRE,   3

<table>
<tr><td colspan="4" align="center">MODES</td></tr>
<tr><td></td><td align="center">INDICATIF.</td><td align="center">CONDITIONNEL.</td><td align="center">IMPÉRATIF.</td></tr>
<tr><td rowspan="4">TEMPS SIMPLES</td><td>
PRÉSENT.
Je   fin is.
Tu   fin is.
Il   fin it.
Nous fin issons.
Vous fin issez.
Ils   fin issent.
</td><td>

Je   fin irais.
Tu   fin irais.
Il   fin irait.
Nous fin irions.
Vous fin iriez.
Ils   fin iraient.
</td><td>

Fin is.

Fin issons.
Fin issez.
</td></tr>
<tr><td>
IMPARFAIT.
Je   fin issais.
Tu   fin issais.
Il   fin issait.
Nous fin issions.
Vous fin issiez.
Ils   fin issaient.
</td><td></td><td></td></tr>
<tr><td>
PARFAIT DÉFINI.
Je   fin is.
Tu   fin is.
Il   fin it.
Nous fin îmes.
Vous fin îtes.
Ils   fin irent.
</td><td></td><td></td></tr>
<tr><td>
FUTUR SIMPLE.
Je   fin irai.
Tu   fin iras.
Il   fin ira.
Nous fin irons.
Vous fin irez.
Ils   fin iront.
</td><td></td><td></td></tr>
<tr><td rowspan="4">TEMPS COMPOSÉS</td><td>
PARFAIT INDÉFINI.
J'   ai   fin i.
Tu   as   fin i.
Il   a   fin i.
Nous avons fin i.
Vous avez fin i.
Ils   ont   fin i.
</td><td>

J'   aurais   fin i.
Tu   aurais   fin i.
Il   aurait   fin i.
Nous aurions fin i.
Vous auriez fin i.
Ils   auraient fin i.
</td><td></td></tr>
<tr><td>
PARFAIT ANTÉRIEUR.
J'   eus   fin i.
Tu   eus   fin i.
Il   eut   fin i.
Nous eûmes fin i.
Vous eûtes fin i.
Ils   eurent fin i.
</td><td></td><td></td></tr>
<tr><td>
PLUS-QUE-PARFAIT.
J'   avais   fin i.
Tu   avais   fin i.
Il   avait   fin i.
Nous avions fin i.
Vous aviez fin i.
Ils   avaient fin i.
</td><td></td><td></td></tr>
<tr><td>
FUTUR ANTÉRIEUR.
J'   aurai   fin i.
Tu   auras   fin i.
Il   aura   fin i.
Nous aurons fin i.
Vous aurez fin i.
Ils   auront fin i.
</td><td></td><td>

Aie   fin i.

Ayons fin i.
Ayez   fin i.
</td></tr>
</table>

MODES		
SUBJONCTIF.	INFINITIF.	PARTICIPE
Que je fin isse. Que tu fin isses. Qu' il fin isse. Que nous fin issions. Que vous fin issiez. Qu' ils fin issent.	Fin ir.	Fin issant.
Que je fin isse. Que tu fin isses. Qu' il fin ît. Que nous fin issions Que vous fin issiez. Qu' ils fin issent.		
Que j' aie fin i. Que tu aies fin i. Qu' il ait fin i. Que nous ayons fin i. Que vous ayez fin i. Qu' ils aient fin i.	Avoir fin i.	Ayant fin i.
Que j' eusse fin i. Que tu eusses fin i. Qu' il eût fin i. Que nous eussions fin i. Que vous eussiez fin i. Qu' ils eussent fin i.		

MODES		
INDICATIF.	**CONDITIONNEL.**	**IMPÉRATIF.**

TEMPS SIMPLES

INDICATIF	CONDITIONNEL	IMPÉRATIF
PRÉSENT.		
Je reç ois.	Je recev rais.	
Tu reç ois.	Tu recev rais.	Reç ois.
Il reç oit.	Il recev rait	
Nous recev ons.	Nous recev rions.	Recev ons.
Vous recev ez.	Vous recev riez.	Recev ez.
Ils reç oivent.	Ils recev raient.	
IMPARFAIT.		
Je recev ais.		
Tu recev ais.		
Il recev ait.		
Nous recev ions		
Vous recev iez.		
Ils recev aient.		
PARFAIT DÉFINI.		
Je reç us.		
Tu reç us.		
Il reç ut.		
Nous reç ûmes.		
Vous reç ûtes.		
Ils reç urent.		
FUTUR SIMPLE.		
Je recev rai.		
Tu recev ras.		
Il recev ra.		
Nous recev rons.		
Vous recev rez.		
Ils recev ront.		

TEMPS COMPOSÉS

INDICATIF	CONDITIONNEL	IMPÉRATIF
PARFAIT INDÉFINI.		
J' ai reç u.	J' aurais reç u.	
Tu as reç u.	Tu aurais reç u.	
Il a reç u.	Il aurait reç u.	
Nous avons reç u.	Nous aurions reç u.	
Vous avez reç u.	Vous auriez reç u.	
Ils ont reç u.	Ils auraient reç u.	
PARFAIT ANTÉRIEUR.		
J' eus reç u.		
Tu eus reç u.		
Il eut reç u.		
Nous eûmes reç u.		
Vous eûtes reç u.		
Ils eurent reç u.		
PLUS-QUE-PARFAIT.		
J' avais reç u.		
Tu avais reç u.		
Il avait reç u.		
Nous avions reç u.		
Vous aviez reç u.		
Ils avaient reç u.		
FUTUR ANTÉRIEUR.		
J' aurai reç u.		
Tu auras reç u.		Aie reç u.
Il aura reç u.		
Nous aurons reç u.		Ayons reç u.
Vous aurez reç u,		Ayez reç u.
Ils auront reç u.		

MODES

SUBJONCTIF.	INFINITIF.	PARTICIPE.
Que je reç oive.		
Que tu reç oives.		
Qu' il reç oive.	Recev oir.	Recev ant.
Que nous recev ions.		
Que vous recev iez.		
Qu' ils reç oivent.		
Que je reç usse.		
Que tu reç usses.		
Qu' il reç ût.		
Que nous reç ussions.		
Que vous reç ussiez.		
Qu' ils reç ussent.		
Que j' aie reç u.		
Que tu aies reç u.		
Qu' il ait reç u.	Avoir reç u.	Ayant reç u.
Que nous ayons reç u.		
Que vous ayez reç u.		
Qu' ils aient reç u.		
Que j' eusse reç u.		
Que tu eusses reç u.		
Qu' il eût reç u.		
Que nous eussions reç u.		
Que vous eussiez reç u.		
Qu' ils eussent reç u.		

MODES

	INDICATIF.	CONDITIONNEL.	IMPÉRATIF.
TEMPS SIMPLES	**PRÉSENT.** Je rend s. Tu rend s. Il rend. Nous rend ons. Vous rend ez. Ils rend ent.	Je rend rais. Tu rend rais Il rend rait. Nous rend rions. Vous rend riez. Ils rend raient.	Rend s. Rend ons. Rend ez.
	IMPARFAIT. Je rend ais. Tu rend ais. Il rend ait. Nous rend ions. Vous rend iez. Ils rend aient.		
	PARFAIT DÉFINI. Je rend is. Tu rend is. Il rend it. Nous rend îmes. Vous rend îtes. Ils rend irent.		
	FUTUR SIMPLE. Je rend rai. Tu rend ras. Il rend ra. Nous rend rons. Vous rend rez. Ils rend ront.		
TEMPS COMPOSÉS	**PARFAIT INDÉFINI.** J' ai rend u. Tu as rend u. Il a rend u. Nous avons rend u. Vous avez rend u. Ils ont rend u.	J' aurais rend u. Tu aurais rend u. Il aurait rend u. Nous aurions rend u. Vous auriez rend u Ils auraient rend u.	
	PARFAIT ANTÉRIEUR. J' eus rend u. Tu eus rend u. Il eut rend u. Nous eûmes rend u. Vous eûtes rend u. Ils eurent rend u.		
	PLUS-QUE-PARFAIT. J' avais rend u. Tu avais rend u. Il avait rend u. Nous avions rend u. Vous aviez rend u. Ils avaient rend u.		
	FUTUR ANTÉRIEUR. J' aurai rend u. Tu auras rend u. Il aura rend u. Nous aurons rend u. Vous aurez rend u. Ils auront rend u.		Aie rend u. Ayons rend u. Ayez rend u.

	MODES	
SUBJONCTIF.	INFINITIF.	PARTICIPE.
Que je rend e. Que tu rend es. Qu' il rend e. Que nous rend ions. Que vous rend iez. Qu' ils rend ent.	Rend re.	Rend ant.
Que je rend isse. Que tu rend isses. Qu' il rend ît. Que nous rend issions. Que vous rend issiez. Qu' ils rend issent.		
Que j' aie rend u Que tu aies rend u. Qu' il ait rend u. Que nous ayons rend u. Que vous ayez rend u. Qu' ils aient rend u.	Avoir rend u.	Ayant rend u.
Que j' eusse rend u. Que tu eusses rend u. Qu' il eût rend u. Que nous eussions rend u. Que vous eussiez rend u. Qu' ils eussent rend u.		

REMARQUES SUR QUELQUES VERBES.

Première Conjugaison.

Verbes en cer.

§ 129. — Les verbes en *cer*, comme *avancer, forcer,* prennent une cédille sous le *c*, toutes les fois que la terminaison commence par un *a* ou par un *o* (1) :

> Au pied de l'échafaud, sans changer de visage,
>> Elle s'*avançait* à pas lents. (C. Delavigne.)
> Ne *forçons* point notre talent :
> Nous ne ferions rien avec grâce. (La Font.)

Verbes en ger.

§ 130. — Les verbes en *ger*, comme *songer, changer,* prennent un *e* muet après le *g*, toutes les fois que la terminaison commence par un *a* ou par un *o* (1) :

> Un lièvre en son gîte *songeait.* (La Font.)
> Muse, *changeons* de style et quittons la satire. (Boil.)

Verbes révéler, régner, etc.

§ 131 — Les verbes *révéler, régner,* et tous les verbes qui ont un *é* fermé à l'avant-dernière syllabe, changent cet *é* fermé en *è* ouvert devant une syllabe muette ; mais ils le conservent au futur et au conditionnel :

> Il n'est point de secrets que le temps ne *révèle.* (Rac.)
>> Si Darius avait su se connaître,
> Il *régnerait* encore où *règne* un autre maître. (Id.)

Il faut en excepter les verbes en *éer, éger.*

Verbes en éer, éger.

§ 132. — Les verbes en *éer, éger,* comme *agréer, assiéger,* conservent l'*é* fermé de l'avant-dernière syllabe dans toute leur conjugaison :

> Nos hôtes *agréeront* les soins qui leur sont dus. (La F.)
> L'erreur et le mensonge *assiégent* notre esprit. (Boil.)

---

(1) C'est une règle générale de conserver partout au radical la prononciation qu'il a au présent de l'infinitif.

Verbes amener, peser, etc.

§ 133. — Les verbes *amener, peser*, et tous les verbes qui ont un *e* muet à l'avant-dernière syllabe, changent cet *e* muet en *è* ouvert devant une syllabe muette (1) :

> Chaque jour *amène* son pain. (La Font.)
> Rien ne *pèse* tant qu'un secret.   (Id.)

Il faut en excepter la plupart des verbes en *eler, eter*.

Verbes en eler, eter.

§ 134. — Les verbes en *eler, eter*, comme *appeler, projeter*, doublent *l* et *t* devant un *e* muet :

> La mort la plus infâme, ils l'*appellent* martyre. (Corn.)
> Ah ! chose qu'on *projette* est loin d'être accomplie !
> (Andrieux.)

Mais les verbes suivants et leurs composés, au lieu de doubler *l* et *t*, changent l'*e* muet de l'avant-dernière syllabe en *è* ouvert devant une syllabe muette :

Acheter,	*Celer,*	*Etiqueter,*	*Marteler.*
Becqueter,	*Decolleter,*	*Geler,*	*Modeler.*
Bourreler,	*Ecarteler,*	*Harceler,*	*Peler.* (Acad.)

Le verbe *épousseter* garde l'*e* muet devant le *t* au futur et au conditionnel :

> Je l'*épousseterai* comme il faut. (Acad.)

Verbes en uer.

§ 135. — Les verbes en *uer*, comme *tuer*, et les deux verbes *conclure, exclure*, prennent un tréma sur l'*i* aux deux premières personnes du pluriel de l'imparfait de l'indicatif et du présent du subjonctif :

> Je serai ravi que vous me *tuïez*. (Molière.)

Il faut en excepter les verbes en *guer* et en *quer*.

Mais le verbe *arguer* prend partout un tréma sur les *i* et les *e* muets qui viennent après le radical.

---

(1) C'est une règle générale qu'il ne doit jamais y avoir deux syllabes muettes de suite à la fin d'un mot.

Verbes en yer.

§ 136. — Les verbes en *yer*, comme *déployer, essuyer*, changent l'*y* grec en *i* devant un *e* muet:

> Déjà dans les vaisseaux la voile se *déploie*. (Racine.)
> Il est des contre-temps qu'il faut qu'un sage *essuie*. (Id.

Cependant les verbes en *ayer*, *eyer*, comme *payer*, *grasseyer*, gardent généralement l'*y* dans toute leur conjugaison : Les battus *payent* l'amende. (Prov.)

Verbes dont le participe présent est en iant ou yant.

§ 137. — Les verbes dont le participe présent est en *iant* ou *yant*, à quelque conjugaison qu'ils appartiennent, prennent un second *i* après l'*i* ou l'*y* du radical, aux deux premières personnes du pluriel de l'imparfait de l'indicatif et du présent du subjonctif; cet *i* appartient régulièrement à la terminaison :

> Faut-il que devant toi nous *pliions* le genou ?
> Tu veux qu'en ta faveur nous *croyions* l'impossible ?
> (Corneille.)

Il faut en excepter le verbe *avoir*.

Seconde Conjugaison.

Bénir.

§ 138. — BÉNIR a deux participes passés: 1° *Bénit, bénite*, qui se dit des personnes et des choses consacrées par la bénédiction du prêtre: pain *bénit*, eau *bénite*: 2° *Béni, bénie*, dans tous les autres cas:

> Que *béni* soit le ciel qui te rend à mes vœux. (Racine.)

Conjugué avec un auxiliaire, *béni* s'écrit toujours sans *t*.

Fleurir.

§ 139. — FLEURIR, *être en fleur*, est régulier. Dans le sens de *prospérer, être en honneur*, il fait à l'imparfait de l'indicatif *fleurissait* et *florissait*, et seulement *florissait* avec un nom de personne, de ville, de peuple. Au participe présent, il fait toujours *florissant*: Un peuple *florissant*. (Racine.)

Haïr.

§ 140. — HAÏR conserve le tréma sur l'*i* dans toute sa conjugaison, excepté au singulier du présent de l'indicatif et de l'impératif :

> Il *hait* à cœur ouvert, ou cesse de *haïr*. (Racine.)

Quatrième Conjugaison.

Verbes qui ont un d *ou un* c *à la fin du radical.*

§ 141. — Les verbes de la quatrième conjugaison qui ont un *d* ou un *c* à la fin du radical, comme *mordre, convaincre,* n'ajoutent rien au radical à la troisième personne du singulier du présent de l'indicatif :

> La lime *mord* l'acier, et l'oreille en frémit. (L. Racine.)
>
> Mon palais investi ne te *convainc*-t-il pas
> Du plus grand, du plus noir de tous les attentats ?
> (Th. Corneille.)

Cependant les verbes en *indre* et en *soudre,* comme *atteindre, absoudre,* changent en *t* le *d* du radical :

> Que si ce loup *t'atteint,* casse-lui la mâchoire. (La Font.)
>
> De ses remords secrets triste et lente victime,
> Jamais un criminel ne s'*absout* de son crime. (L. Rac.)

Verbes qui n'ont ni d *ni* c *à la fin du radical.*

§ 142. — Les verbes de la quatrième conjugaison qui n'ont ni *d* ni *c* à la fin du radical, comme *dire,* prennent un *t* à la troisième personne du singulier du présent de l'indicatif :

> Quand le malheur ne serait bon
> Qu'à mettre un sot à la raison,
> Toujours serait-ce à juste cause
> Qu'on le *dit* bon à quelque chose. (La Font.)

Verbes en ttre.

§ 143. — Les verbes en *ttre,* comme *abattre,* n'ont qu'un seul *t* au singulier du présent de l'indicatif et de l'impératif :

> Petite pluie *abat* grand vent. (Prov.)

TEMPS SIMPLES.

	1re Conjug.	2e Conjug.	3e Conjug.	4e Conjug.

INDICATIF. — PRÉSENT.

	1re Conjug.	2e Conjug.	3e Conjug.	4e Conjug.
Je	aim e.	fin is.	reç ois.	rend s.
Tu	aim es.	fin is.	reç ois.	rend s.
Il	aim e.	fin it.	reç oit.	rend (t).
Nous	aim ons.	finiss ons.	recev ons.	rend ons.
Vous	aim ez.	finiss ez	recev ez.	rend ez
Ils	aim ent.	finiss ent.	reçoiv ent.	rend ent.

IMPARFAIT.

Je	aim ais.	finiss ais.	recev ais.	rend ais.
Tu	aim ais.	finiss ais.	recev ais.	rend ais.
Il	aim ait.	finiss ait.	recev ait.	rend ait.
Nous	aim ions.	finiss ions.	recev ions.	rend ions.
Vous	aim iez.	finiss iez.	recev iez.	rend iez.
Ils	aim aient.	finiss aient.	recev aient.	rend aient.

PARFAIT DÉFINI.

Je	aim ai.	fin is.	reç us.	rend is.
Tu	aim as.	fin is.	reç us.	rend is.
Il	aim a.	fin it.	reç ut.	rend it.
Nous	aim âmes.	fin îmes.	reç ûmes.	rend îmes.
Vous	aim âtes.	fin îtes.	reç ûtes.	rend îtes.
Ils	aim èrent.	fin irent.	reç urent.	rend irent.

FUTUR SIMPLE.

Je	aim erai.	fin irai.	recev rai.	rend rai.
Tu	aim eras.	fin iras.	recev ras.	rend ras.
Il	aim era.	fin ira.	recev ra.	rend ra.
Nous	aim erons.	fin irons.	recev rons.	rend rons.
Vous	aim erez.	fin irez.	recev rez.	rend rez.
Ils	aim eront.	fin iront.	recev ront.	rend ront.

CONDITIONNEL. — PRÉSENT.

Je	aim erais.	fin irais.	recev rais.	rend rais.
Tu	aim erais.	fin irais.	recev rais.	rend rais.
Il	aim erait.	fin irait.	recev rait.	rend rait.
Nous	aim erions.	fin irions.	recev rions.	rend rions.
Vous	aim eriez.	fin iriez.	recev riez.	rend riez.
Ils	aim eraient.	fin iraient.	recev raient	rend raient.

IMPÉRATIF. — PRÉSENT.

(Toi)	aim e.	fin is.	reç ois.	rend s.
(Nous)	aim ons.	fin issons.	recev ons.	rend ons.
(Vous)	aim ez.	fin issez.	recev ez.	rend ez.

SUBJONCTIF. — PRÉSENT.

Que je	aim e.	fin isse.	reç oive.	rend e.
Que tu	aim es.	fin isses.	reç oives.	rend es.
Qu' il	aim e.	fin isse.	reç oive.	rend e.
Que nous	aim ions.	fin issions.	recev ions.	rend ions.
Que vous	aim iez.	fin issiez.	recev iez.	rend iez.
Qu' ils	aim ent.	fin issent.	reç oivent	rend ent.

IMPARFAIT.

Que je	aim asse.	fin isse.	reç usse.	rend isse.
Que tu	aim asses.	fin isses.	reç usses.	rend isses.
Qu' il	aim ât.	fin ît.	reç ût.	rend ît.
Que nous	aim assions	fin issions.	reç ussions.	rend issions
Que vous	aim assiez.	fin issiez.	reç ussiez.	rend issiez
Qu' ils	aim assent.	fin issent.	reç ussent.	rend issent.

INFINITIF. — PRÉSENT.

1re Conjug.	2e Conjug.	3e Conjug.	4e Conjug.
Aim er.	fin ir.	recev oir.	rend re.

PARTICIPE. — PRÉSENT.

1re Conjug.	2e Conjug.	3e Conjug.	4e Conjug.
Aim ant.	finiss ant.	recev ant.	rend ant.

TEMPS COMPOSÉS.

		1ʳᵉ Conjug.	2ᵉ Conjug.	3ᵉ Conjug.	4ᵉ Conjug.

INDICATIF. — PARFAIT.

J'	ai				
Tu	as				
Il	a	aim é.	fin i.	reç u.	rend u.
Nous	avons				
Vous	avez				
Ils	ont				

PARFAIT ANTÉRIEUR.

J'	eus				
Tu	eus				
Il	eut	aim é.	fin i.	reç u.	rend u.
Nous	eûmes				
Vous	eûtes				
Ils	eurent				

PLUS-QUE-PARFAIT.

J'	avais				
Tu	avais				
Il	avait	aim é.	fin i.	reç u.	rend u.
Nous	avions				
Vous	aviez				
Ils	avaient				

FUTUR ANTÉRIEUR.

J'	aurai				
Tu	auras				
Il	aura	aim é.	fin i.	reç u.	rend u.
Nous	aurons				
Vous	aurez				
Ils	auront				

CONDITIONNEL. — PASSÉ.

J'	aurais				
Tu	aurais				
Il	aurait	aim é.	fin i.	reç u.	rend u.
Nous	aurions				
Vous	auriez				
Ils	auraient				

IMPÉRATIF. — PASSÉ.

(Toi)	aie				
(Nous)	ayons	aim é.	fin i.	reç u.	rend u.
(Vous)	ayez				

SUBJONCTIF. — PARFAIT.

Que j'	aie				
Que tu	aies				
Qu' il	ait	aim é.	fin i.	reç u.	rend u.
Que nous	ayons				
Que vous	ayez				
Qu' ils	aient				

PLUS-QUE-PARFAIT.

Que j'	eusse				
Que tu	eusses				
Qu' il	eût	aim é.	fin i.	reç u.	rend u.
Que nous	eussions				
Que vous	eussiez				
Qu' ils	eussent				

INFINITIF. — PASSÉ.

	Avoir	aim é.	fin i.	reç u.	rend u.

PARTICIPE. — PASSÉ.

	Ayant	aim é.	fin i.	reç u.	rend u.

DE LA FORMATION DES TEMPS.

§ 145. — On distingue dans les verbes les temps *primitifs* et les temps *dérivés*.

Les temps *primitifs* sont ceux qui servent à former tous les autres.

Les temps *dérivés* sont ceux qui sont formés des temps primitifs.

Il y a cinq temps primitifs : le *présent de l'infinitif*, le *participe présent*, le *participe passé*, le *présent de l'indicatif* et le *parfait défini*.

Du PRÉSENT DE L'INFINITIF on forme deux temps :

1° Le *futur simple*, par le changement de *r*, *oir* ou *re* en *rai* :

Aime - r,	J' aime - rai.
Fini - r,	Je fini - rai.
Recev - oir,	Je recev - rai.
Rend - re,	Je rend - rai.

2° Le *conditionnel présent*, par le changement de *r*, *oir* ou *re* en *rais* :

Aime - r,	J' aime - rais.
Fini - r,	Je fini - rais.
Recev - oir,	Je recev - rais.
Rend - re,	Je rend - rais.

Du PARTICIPE PRÉSENT on forme trois temps :

1° Le *pluriel du présent de l'indicatif*, par le changement de *ant* en *ons*, *ez*, *ent* :

Aim - ant,	Aim - ons, ez, ent.
Finiss - ant,	Finiss - ons, ez, ent.
Recev - ant,	Recev - ons, ez, re-çoivent.
Rend - ant,	Rend - ons, ez, ent.

REMARQUE. Presque tous les verbes en *oir* reprennent à la 3ᵉ personne du pluriel la diphthongue du singulier : Je reç-*oi*-s, ils reç-*oi* vent.

2º *L'imparfait de l'indicatif,* par le changement de
ant en *ais:*

Aim - ant,	J' aim - ais.
Finiss - ant,	Je finiss - ais.
Recev - ant,	Je recev - ais.
Rend - ant,	Je rend - ais.

3º Le *présent du subjonctif,* par le changement de
ant en *e:*

Aim - ant,	Que j' aim - e.
Finiss - ant,	Que je finiss - e.
Recev - ant,	Que je reçoiv - e.
Rend - ant,	Que je rend - e.

REMARQUE. Presque tous les verbes en *oir* reprennent
encore la diphthongue du singulier du présent de l'indicatif aux trois personnes du singulier et à la 3e personne du pluriel: Que je reç-*oi*-ve, que tu reç-*oi*-ves, etc.

DU PARTICIPE PASSÉ, construit avec un verbe auxiliaire,
on forme tous les temps composés (1):

J'ai fini,	J'avais fini,	J'aurai fini, etc.
Je suis reçu,	J'étais reçu,	Je serai reçu, etc.

DU PRÉSENT DE L'INDICATIF on forme l'*impératif,* par
la suppression des pronoms sujets, et par le retranchement
de l's finale du singulier dans les verbes de la première
conjugaison (2):

Tu aime - s,	Aime.
Tu finis,	Finis.
Tu reçois,	Reçois.
Tu rends,	Rends.

DU PARFAIT DÉFINI on forme l'*imparfait du subjonctif,* par l'addition de *se* à la 2e personne du singulier:

Tu aimas,	Que j' aimas - se.
Tu finis,	Que je finis - se.
Tu reçus,	Que je reçus - se.
Tu rendis,	Que je rendis - se.

---

(1) En joignant le participe passé aux temps composés du verbe *avoir*,
on forme une autre série de temps; les plus usités sont: *J'ai eu fini,
tu as eu fini,* etc. *J'aurais eu fini, tu aurais eu fini,* etc.
(2) *Avoir, être* et *savoir,* font à l'impératif : *aie, sois, sache.*

§ 146. — Conjugaison du verbe

INDICATIF.	CONDITIONNEL.	IMPÉRATIF.
PRÉSENT.		
Je suis puni.	Je serais puni.	Sois puni.
Nous sommes punis.	Nous serions punis.	Soyons punis.
IMPARFAIT.		
J' étais puni.		
Nous étions punis.		
PASSÉ DÉFINI.		
Je fus puni.		
Nous fûmes punis.		
FUTUR SIMPLE.		
Je serai puni.		
Nous serons punis.		
PARFAIT INDÉFINI.		
J' ai été puni.	J' aurais été puni.	
Nous avons été punis.	Nous aurions été punis	
PARFAIT ANTÉRIEUR.		
J' eus été puni.		
Nous eûmes été punis.		
PLUS-QUE-PARFAIT.		
J' avais été puni.		
Nous avions été punis.		
FUTUR ANTÉRIEUR.		
J' aurai été puni.		Aie été puni.
Nous aurons été punis.		Ayons été punis.

§ 147. — Conjugaison du

INDICATIF.	CONDITIONNEL.	IMPÉRATIF.
PRÉSENT.		
Je viens.	Je viendrais.	Viens.
Nous venons.	Nous viendrions.	Venons.
IMPARFAIT.		
Je venais.		
Nous venions.		
PARFAIT DÉFINI.		
Je vins.		
Nous vînmes.		
FUTUR SIMPLE.		
Je viendrai.		
Nous viendrons.		
PARFAIT INDÉFINI.		
Je suis venu.	Je serais venu.	
Nous sommes venus.	Nous serions venus.	
PARFAIT ANTÉRIEUR.		
Je fus venu.		
Nous fûmes venus.		
PLUS-QUE-PARFAIT.		
J' étais venu.		
Nous étions venus.		
FUTUR ANTÉRIEUR.		
Je serai venu.		Sois venu.
Nous serons venus.		Soyons venus.

SUBJONCTIF.	INFINITIF.	PARTICIPE.
Que je sois puni. Que nous soyons punis	Être puni.	Étant puni.
Que je fusse puni. Que nous fussions punis.		
Que j' aie été puni. Que nous ayons été punis.	Avoir été puni.	Ayant été puni.
Que j' eusse été puni. Que nous eussions été punis		

verbe neutre VENIR.

SUBJONCTIF.	INFINITIF.	PARTICIPE.
Que je vienne. Que nous venions.	Venir.	Venant.
Que je vinsse. Que nous vinssions.		
Que je sois venu. Que nous soyons venus.	Être venu.	Étant venu.
Que je fusse venu. Que nous fussions venus.		

§ 148. — Conjugaison du verbe

INDICATIF.	CONDITIONNEL.	IMPÉRATIF.
PRÉSENT. Je me loue. Nous n. louons.	Je me louerais. Nous n. louerions.	Loue-toi. Louons-nous
IMPARFAIT. Je me louais. Nous n. louïons.		
PARFAIT DÉFINI. Je me louai. Nous n. louâmes.		
FUTUR SIMPLE. Je me louerai. Nous n. louerons.		
PARFAIT INDÉFINI. Je me suis loué. Nous n. sommes loués.	Je me serais loué. Nous n. serions loués	
PARFAIT ANTÉRIEUR. Je me fus loué. Nous n. fûmes loués.		
PLUS-QUE-PARFAIT. Je m'étais loué. Nous n. étions loués.		
FUTUR ANTÉRIEUR. Je me serai loué. Nous n. serons loués.		

§ 149. — Conjugaison du verbe

INDICATIF.	CONDITIONNEL.	IMPÉRATIF.
PRÉSENT. Il pleut.	Il pleuvrait.	*(Inusité.)*
IMPARFAIT. Il pleuvait.		
PARFAIT DÉFINI. Il plut.		
FUTUR SIMPLE. Il pleuvra.		
PARFAIT INDÉFINI. Il a plu.	Il aurait plu.	
PARFAIT ANTÉRIEUR. Il eut plu.		
PLUS-QUE-PARFAIT. Il avait plu.		
FUTUR ANTÉRIEUR. Il aura plu.		

SUBJONCTIF.	INFINITIF.	PARTICIPE.
Que je me loue. Que nous n. louïons.	Se louer.	Se louant.
Que je me louasse. Que nous n. louassions.		
Que je me sois loué. Que nous n. soyons loués.	S'être loué.	S'étant loué.
Que je me fusse loué. Que nous n. fussions loués.		

impersonnel PLEUVOIR.

SUBJONCTIF.	INFINITIF.	PARTICIPE.
Qu'il pleuve.	Pleuvoir.	Pleuvant.
Qu'il plût.		
Qu'il ait plu.		Plu *(sans féminin)*.
Qu'il eût plu.		

INDICATIF.	CONDITIONNEL.
PRÉSENT. Chanté-je ? chantes-tu ? chante-t-il ? Chantons-nous? chantez-vous? chantent-ils?	Chanterais-je ? Chanterions-nous ?
IMPARFAIT. Chantais-je ? Chantions-nous ?	
PARFAIT DÉFINI. Chantai-je ? Chantâmes-nous ?	
FUTUR SIMPLE. Chanterai-je? Chanterons-nous ?	
PARFAIT INDÉFINI. Ai-je chanté ? Avons-nous chanté ?	Aurais-je chanté ? Aurions-nous chanté ?
PARFAIT ANTÉRIEUR. Eus-je chanté ? Eûmes-nous chanté ?	
PLUS-QUE-PARFAIT. Avais-je chanté ? Avions-nous chanté ?	
FUTUR ANTÉRIEUR. Aurai-je chanté ? Aurons-nous chanté ?	

REMARQUES.

I. Dans les verbes conjugués interrogativement, le verbe et le pronom sont liés l'un à l'autre par un trait d'union :

Est-ce assez ? *dites-moi;* n'y *suis-je* point encore ?
(La Font.)

II. L'*e* muet se change en *é* fermé quand il est suivi de *je :*

Veillé-je? et n'est-ce point un songe que je vois ?
(La Font.)

III. Lorsque la troisième personne du singulier est terminée par une voyelle, on met un *t* euphonique entre le verbe et le pronom :

Dieu *laissa-t-il* jamais ses enfants au besoin ? (Racine).

Ces remarques trouvent leur application toutes les fois que le pronom sujet se met après le verbe :

Puissé-je de mes yeux y voir tomber la foudre !
(Corneille.)

ACCORD DU VERBE.

Accord du verbe avec son sujet.

§ 151. — Le verbe s'accorde en personne et en nombre avec son sujet :

J'*ai* tant *fait* que nos gens *sont* enfin dans la plaine.
(La Font.)

Le verbe *ai fait* est à la première personne et au singulier, parce que son sujet *je* est de la première personne et du singulier ; de même, *sont* est à la troisième personne et au pluriel, parce que son sujet *nos gens* est de la troisième personne et du pluriel.

Nombre du verbe après plusieurs sujets unis par ET.

§ 152. — Le verbe qui a plusieurs sujets au singulier unis par *et*, se met au pluriel :

Patience et *succès marchent* toujours ensemble. (Villef.)

Si les sujets sont de différentes personnes, le verbe s'accorde avec la personne qui a la priorité :

Ami, je vais sortir ; et, si tu veux attendre,
  Le portier du logis et *moi*
  Nous serons tout à l'heure à toi. (La Font.)

Remarque. Le verbe qui a plusieurs sujets à la troisième personne, ne s'accorde qu'avec le dernier :

1° Quand les sujets signifient à peu près la même chose :

Sa douceur, *sa bonté* lui *gagne* tous les cœurs. (Legrand.)

2° Quand les sujets sont placés par gradation :

Mais le fer, le bandeau, *la flamme est* toute prête. (Rac.)

3° Quand les sujets sont résumés dans le dernier :

L'intérêt, la raison, l'amitié, *tout* vous *lie*. (Racine.)

Dans ces trois cas, on supprime la conjonction *et*.

Nombre du verbe après plusieurs sujets au singulier unis par NI. OU.

§ 153. — Lorsque plusieurs sujets à la troisième personne sont unis par *ni*, *ou*, le verbe se met au pluriel, si les sujets, considérés ensemble, font ou reçoivent l'action exprimée par le verbe :

Ni *l'or* ni *la grandeur* ne nous *rendent* heureux. (La F.)

C'est-à-dire ni l'or ni la grandeur (*ces deux choses réunies*) ne nous rendent heureux.

Si l'un des sujets doit seul faire ou recevoir l'action exprimée par le verbe, on met le verbe au singulier :

Sa perte ou *son salut dépend* de sa réponse. (Racine.)

C'est-à-dire sa perte ou son salut (*l'une de ces deux choses*) dépend de sa réponse.

REMARQUE. Le verbe qui a plusieurs sujets à la troisième personne unis par *ni*, *ou*, se met toujours au pluriel quand on peut remplacer *ni*, *ou*, par *et*.

§ 154. — Dans tous les cas, le verbe se met au pluriel quand les sujets unis par *ni*, *ou*, sont de différentes personnes :

Le roi, l'âne ou moi nous mourrons. (La Font.)

Nombre du verbe après plusieurs sujets au singulier unis par COMME, DE MÊME QUE, etc.

§ 155. — Le verbe qui a plusieurs sujets à la troisième personne unis par *comme*, *de même que*, *ainsi que*, *aussi bien que*, exprimant comparaison, s'accorde avec le premier sujet seulement :

L'homme, ainsi que la vigne, *a besoin* de support.

(Dufresnel.)

C'est-à-dire l'homme a besoin de support, ainsi que la vigne en a besoin.

Nombre du verbe ÊTRE après le pronom CE

§ 156. — Précédé de *ce*, le verbe *être* se met au pluriel quand il est suivi d'un sujet à la troisième personne du pluriel :

> *Ce* ne *sont* pas là mes affaires. (La Font.)

Hors de là, le verbe se met au singulier :

> *C'est* vous, leur disait-on,
> Qui nous coûtez notre moisson. (Florian.)
> *C'était* bien de chansons qu'alors il s'agissait. (La Font.)

Cette règle n'est pas absolue.

§ 157. — Précédé de *ce* et suivi de plusieurs noms tous au singulier, le verbe se met rarement au pluriel :

> Mes jours sont en tes mains, tranche-les ; ta justice,
> *C'est* ton utilité, ton plaisir, ton caprice. (La Font.)

Il en est de même quand le premier nom qui suit le verbe est au singulier :

> *C'est* la gloire et les plaisirs qu'il recherche. (Acad.)

REMARQUE. Dans une énumération, le verbe se met au pluriel quand il est précédé d'un nom au pluriel :

> *Les juges* se placèrent :
> *C'étaient* le linot, le serin,
> Le rouge-gorge et le tarin. (Florian.)

Accord du verbe avec le pronom QUI.

§ 158. — Le verbe qui a pour sujet le pronom relatif *qui*, s'accorde en personne et en nombre avec l'antécédent de ce pronom (1) :

> C'est *moi* qui *suis* Guillot, berger de ce troupeau.
> (La Font.)

---

(1) L'antécédent de *qui, que, dont, où*, est le mot que le sens amène après *qui, que, dont, où*, remplacés par *lequel, duquel, auquel*, etc.

CORRESPONDANCE DES TEMPS DU SUBJONCTIF AVEC CEUX DE L'INDICATIF.

§ 159. — Le verbe qui suit la conjonction *que* (ou second verbe) dépend toujours d'un autre verbe (ou premier verbe), et se met souvent au subjonctif.

Pour savoir à quel temps du subjonctif on doit mettre le second verbe, il faut : 1° voir à quel temps est le premier verbe ; 2° examiner si l'action exprimée par le second verbe est *présente*, *passée* ou *future* par rapport à l'action exprimée par le premier.

De là les deux règles suivantes.

Première règle.

§ 160. — Quand le premier verbe est au présent ou au futur de l'indicatif, on met le second verbe au *présent* ou au *parfait* du subjonctif.

On le met au *présent*, si l'on veut exprimer une action *présente* ou *future* par rapport au premier verbe :

Bertrand dit à Raton : Frère, *il faut* aujourd'hui
    Que *tu fasses* un coup de maître. (La Font.)
        Il faudra, si je veux,
    Que le manteau *s'en aille* au diable.(Id.)

On le met au *parfait*, si l'on veut exprimer une action *passée* par rapport au premier verbe :

Il faut qu'en écoutant *j'aie eu* l'esprit distrait,
Ou bien que le lecteur m'*ait gâté* le sonnet. (Molière.)
Je ne *croirai* jamais qu'*il ait voulu* vous nuire.(Pingret.)

REMARQUE. Si la phrase renferme une expression conditionnelle suivie d'un imparfait, on met le second verbe à l'*imparfait* du subjonctif ; on le met au *plus-que-parfait*, si l'expression conditionnelle est suivie d'un plus-que-parfait :

Je doute qu'*il* le *fît, si vous l'exigiez*. (Lefranc.)
Je doute qu'*il l'eût fait, s'il m'avait consulté*.(Id.)

Seconde règle.

§ 161. — Quand le premier verbe est a l'un des temps du passé (imparfait, parfait défini, parfait indéfini, parfait antérieur, plus-que-parfait) ou au conditionnel, on met le second verbe à l'*imparfait* ou au *plus-que-parfait* du subjonctif.

On le met à l'*imparfait*, si l'on veut exprimer une action *présente* ou *future* par rapport au premier verbe:

> *Il fallut* qu'au travail son corps rendu docile
> *Forçât* la terre avare à devenir fertile. (Boileau.)

On le met au *plus-que-parfait,* si l'on veut exprimer une action *passée* par rapport au premier verbe :

> *Je voudrais* seulement qu'*on* vous l'*eût fait connaître*.
> (Corneille.)

REMARQUES. I. Après le parfait indéfini, on met le second verbe au *présent* du subjonctif, s'il exprime une action *présente* ou *future* par rapport au premier verbe :

> Depuis deux ans entiers *qu'a-t-il dit, qu'a-t-il fait*
> Qui ne *promette* à Rome un empereur parfait ? (Rac.)
> Parle, *je n'ai rien dit* qui *puisse* lui déplaire. (Id.)

Ou bien une action qui se reproduit en tout temps : Dieu *a voulu* que les vérités divines *entrent* du cœur dans l'esprit, et non de l'esprit dans le cœur. (Pascal.)

II. Lorsque le conditionnel des verbes *pouvoir, savoir*, signifie *je ne puis, tu ne peux, il ne peut*, etc, on doit le regarder, non comme un conditionnel, mais comme un présent de l'indicatif :

> Ils ne *sauraient* manger morceau qui leur *profite*.
> (La Font.)

DU PARTICIPE.

§ 162. — Le *participe* est un mot qui *tient* à la fois du verbe et de l'adjectif.

Il tient du verbe, en ce qu'il en a la signification et les compléments :

Nos braves *s'accrochant* se prennent aux cheveux.

(Boileau.)

Il tient de l'adjectif, en ce qu'il qualifie le nom, et qu'il en prend le genre et le nombre :

Goutte bien *tracassée*
Est, dit-on, à demi *pansée*. (La Font.)

§ 163. — Il y a deux sortes de participes : le participe *présent* et le participe *passé*.

Le participe *présent* exprime toujours une chose *présente* par rapport à une autre.

Le participe *passé* exprime presque toujours une action *passée*. Quand il marque l'état ou la qualité, il s'appelle participe *passif*.

REMARQUES. I. On trouve la terminaison du masculin du participe passé en retranchant l'*e* muet de la terminaison du féminin :

La taupe, d'un bon coup de bêche,
Fut par le jardinier *prise* en flagrant délit. (De Neufch.)
Le nez royal fut *pris* comme un nez du commun.

(La Font.)

Il faut en excepter *absoute, dissoute*, qui font au masculin *absous, dissous*.

II. Le participe passé qui n'est pas accompagné du verbe *avoir*, est un véritable adjectif et en suit la règle.

ACCORD DU PARTICIPE.

I. PARTICIPE PRÉSENT.

§ 164. — Le participe présent est toujours invariable :

J'ai vu les vents, *grondant* sur ces moissons superbes,
Déraciner les blés, se disputer les gerbes. (Delille.)

Il ne faut pas confondre le participe présent avec l'adjectif verbal, qui se termine aussi en *ant*, et qui s'accorde en genre et en nombre avec le nom qu'il qualifie :

Contre les vents *grondants* et les flots orageux,
    Le commerce a ses ports. (Delille.)

Distinction entre le participe présent et l'adjectif verbal.

§ 165. — Le participe présent exprime une *action de courte durée*, un *acte passager* :

Il nous faut en *riant* instruire la jeunesse. (Molière.)
Tous mes sots à l'instant, *changeant* de contenance,
Ont loué du festin la superbe ordonnance. (Boileau.)
Perrin fort gravement ouvre l'huître et la gruge,
    Nos deux messieurs le *regardant*. (La Font.)

L'adjectif verbal exprime une *qualité distinctive*, une *action prolongée*, qui, par sa durée, devient une *habitude*, un *état permanent* :

Et d'enfants à sa table une *riante* troupe
Semble boire avec lui la joie à pleine coupe. (Racine.)
Ces insectes *changeants* qui nous donnent la soie. (Volt.)
    Ce n'est pas sur l'habit
Que la diversité me plaît, c'est dans l'esprit :
L'une fournit toujours des choses agréables ;
L'autre, en moins d'un moment, lasse les *regardants*.
                    (La Font.)

§ 166. — Le mot en *ant* est participe :

1° Quand il a un complément direct (1) :

> Là, sur une charrette, une poutre branlante
> Vient *menaçant* de loin la foule qu'elle augmente.
>> (Boileau.)

2° Quand il est précédé de la préposition *en*, exprimée ou sous-entendue :

> Elle approcha, mais *en tremblant*. (La Font.)
> L'ombre, *glissant* sur l'herbe rembrunie,
> Comme un manteau léger couvre au loin la prairie.
>> (L. de Lancival.)

3° Quand il est accompagné de la négation *ne* :

> C'est une excellente personne,
> *Ne contrariant, ne médisant* jamais. (M. Martin.)

4° Quand il peut se traduire par un autre temps du verbe précédé de *lorsque, parce que*, etc. :

> Seule, *errant* à pas lents sur l'aride rivage,
> La corneille enrouée appelle aussi l'orage. (Delille.)

C'est-à-dire *lorsqu'elle erre*, seule, à pas lents, la corneille, etc.

REMARQUE. Le participe présent, précédé de *en*, doit se rapporter au sujet de la phrase :

> Mais des traits enflammés ont sillonné la nue,
> Et *la foudre en grondant* roule dans l'étendue.
>> (St-Lambert.)

Cette règle admet quelques exceptions, quand il ne peut pas y avoir d'équivoque ou d'obscurité :

> L'appétit vient en mangeant. (Prov.)

---

(1). Le participe *ayant*, par une exception bizarre, prend une *s* au pluriel dans les deux locutions *ayant cause, ayant droit*. : Les héritiers ou *ayants cause*. — Chacun des *ayants droit*. (Acad.)

L'expression *soi-disant*, au contraire, est toujours invariable : De *soi-disant* docteurs. (Acad.)

§ 167. — Le mot en *ant* est adjectif verbal :

1° Lorsqu'il est construit avec le verbe *être* :

Défiez-vous des rois : leur faveur *est glissante*. (La Font.)

2° Lorsqu'il peut se construire avec le verbe *être* :

Son front large est armé de cornes *menaçantes*. (Rac.)
La mer tombe et bondit sur ses rives *tremblantes*.
(St. Lamb.)

On peut dire : de cornes *qui sont menaçantes* ; ses rives *qui sont tremblantes*.

3° Lorsque, employé sans complément, il peut se traduire par un autre adjectif : ·

Là, cent tribus *errantes*
Promènent au hasard leurs chameaux et leurs tentes.
(Florian.)

C'est-à-dire, cent tribus *nomades, vagabondes*.

4° Lorsqu'il est placé après un complément adverbial qui le modifie ; placé avant, il est participe :

Je peindrai les plaisirs *en foule renaissants*,
Les oppresseurs du peuple *à leur tour gémissants*.
(Boileau.)

Ainsi notre amitié, *triomphant à son tour*,
Vaincra la jalousie. (Corneille.)

Cette dernière règle n'est pas absolue (1).

---

(1) Quelques participes diffèrent d'orthographe avec les adjectifs verbaux qui en dérivent ; tels sont les suivants :

Affluant,	Affluent.	Influant,	Influent.
Adhérant,	Adhérent.	Négligeant,	Négligent.
Coïncidant,	Coïncident.	Précédant,	Précédent.
Différant,	Différent.	Convainquant,	Convaincant.
Divergeant,	Divergent.	Extravaguant,	Extravagant.
Equivalant,	Equivalent.	Fatiguant,	Fatigant.
Excellant,	Excellent.	Intriguant,	Intrigant.
Expédiant,	Expédient.	Vaquant,	Vacant.

Cette même différence se remarque entre les participes *fabriquant, présidant, résidant*, et les substantifs *fabricant, président, résident*, qui en sont formés.

II. PARTICIPE PASSÉ.

§ 168. — Le participe passé est employé sans auxiliaire, ou bien il est conjugué avec l'auxiliaire *être* ou
avec l'auxiliaire *avoir*.

De là les trois règles suivantes.

1º Participe passé sans auxiliaire.

§ 169. — Le participe passé, employé sans auxiliaire,
s'accorde, comme un véritable adjectif, en genre et en
nombre avec le nom ou le pronom qu'il qualifie :

> Un petit *bout* d'oreille *échappé* par malheur,
> 　　Découvrit la fourbe et l'erreur. (La Font).
> *Eux repus*, tout s'endort, les petits et la mère. (id.)

REMARQUE. Les participes *vu*, *approuvé*, *attendu*,
excepté, *supposé*, *ouï*, *passé*, *y compris*, *non compris*,
etc., employés sans auxiliaire, sont invariables quand ils
précèdent le nom, parce qu'alors ils font l'office de préposition : *Passé* la fête, adieu le saint. (Prov.)

2º Participe passé avec l'auxiliaire ÊTRE.

§ 170. — Le participe passé conjugué avec l'auxiliaire
être, s'accorde, comme un véritable adjectif, en genre
et en nombre avec le sujet du verbe :

> Chacun son métier,
> *Les vaches* seront bien *gardées*. (Florian.)
> Mauvaise *graine* est tôt *venue*. (La Font.)

REMARQUE. Le participe passé joint à l'auxiliaire *être*
dans les verbes neutres et les verbes passifs, suit toujours
cette règle.

Mais le participe passé des verbes pronominaux, qui
se conjugue en apparence avec *être*, et en réalité avec
avoir (*être* se mettant pour *être ayant*), suit toujours la
règle du participe passé avec *avoir*.

3° Participe passé avec l'auxiliaire AVOIR.

§ 171. — Le participe passé, conjugué avec l'auxiliaire *avoir*, s'accorde en genre et en nombre avec son complément direct quand il en est précédé, et reste invariable quand il en est suivi ou qu'il n'en a pas :

Il compte en murmurant les coups *qu'il a reçus*. (Rac.)
L'ignorance *a flétri les lauriers* du génie. (Michaud.)
Où la guêpe *a passé*, le moucheron demeure. (La Font.)

- Il a reçu quoi ? lesquels coups ; *que*, mis pour *lesquels coups*, est complément direct et précède le participe : accord. — L'ignorance a flétri quoi ? les lauriers du génie ; le complément direct est après le participe : pas d'accord. — La guêpe a passé qui ? quoi ? pas de complément direct : pas d'accord (1).

§ 172. — Le complément direct placé après le participe passé est toujours un des pronoms *me, te, se, nous, vous, le, la, les, que*, ou un nom précédé de *quel, combien de, que de* (2) :

Remords, crainte, périls, rien ne *m'a* retenue. (Rac.)
De soins plus importants je *l'ai* crue agitée. (id.)
Toutes les dignités *que* tu m'as demandées,
Je te *les* ai sur l'heure et sans peine accordées. (Corn.)
Quel droit *vous* a rendus maîtres de l'univers ? (La Font.)
Quelle guerre intestine avons-nous allumée ? (Racine.)

---

(1) Les verbes actifs ou employés activement et les verbes pronominaux, peuvent seuls avoir un complément direct.

(2) Si le nom précédé de *combien de* ou de *que de*, son équivalent, désigne des objets considérés individuellement et pouvant se compter, le participe passé s'accorde avec ce nom : Combien d'*âmes* timides a-t-elle *encouragées* ? (Fléchier). — Que de *services* il m'a *rendus !* (Acad.)

Mais si le nom précédé de *combien de, que de*, désigne l'étendue, l'intensité d'une chose, le participe reste invariable : Combien d'énergie il a *déployé !* Que de science il s'est *acquis !* (Bescher.)

Ordinairement on donne à la phrase une tournure plus correcte, en rejetant le substantif après le verbe ; dans ce cas, le participe est invariable :

Combien à vos malheurs ai-je *donné* de larmes ! (Racine.)

Applications particulières de la règle du participe passé conjugué avec l'auxiliaire AVOIR.

1. VERBES ACTIFS.

Participe passé suivi d'un infinitif.

§ 173. — Le participe passé d'un verbe actif, suivi d'un infinitif, s'accorde quand il a pour complément direct le pronom qui précède, et reste invariable quand il a pour complément direct l'infinitif qui suit :

> Où sont ces bois *que* j'avais *vus* grandir ?
> Ces bois charmants, je les ai *vu détruire*. (Legrand.)

On reconnaît que le pronom qui précède est complément direct du participe :

1º Quand on peut remplacer l'infinitif par un participe présent : j'avais vu ces bois *grandissant*.

2º Quand le sens permet de mettre l'antécédent du pronom entre le participe et l'infinitif : j'avais vu ces *bois* grandir.

3º Quand l'antécédent du pronom fait l'action exprimée par l'infinitif : qui grandissait ? ces *bois*.

Dans les cas contraires, le pronom est complément de l'infinitif, et le participe reste invariable.

§ 174. — Le participe passé *fait*, suivi d'un infinitif, est toujours invariable :

> Ce sont mes sentiments qu'il vous a *fait* entendre. (Mol.)

Le pronom *que* n'est pas le complément de *fait* ni d'*entendre*, mais de ces deux mots réunis, qui ne forment ensemble qu'une seule expression.

§ 175. — *Dû, permis, voulu*, sont invariables quand ils ont pour complément direct un infinitif ou une proposition sous-entendue :

> Il m'a donné tous les soins qu'il a *dû* (me donner).

> J'aurais fait tous les vers qu'il aurait *voulu* (que je fisse).

Participe passé précédé du pronom l'.

§ 176. — Le participe passé s'accorde quand il a pour complément direct le pronom *l'* mis pour *la*, et représentant un nom ou un pronom ; dans ce cas, *l'* peut se traduire au pluriel par *les* :

> Une souris tomba du bec d'un chat-huant ;
> Je ne *l'*eusse pas *ramassée*. (La Font.)

On pourrait dire au pluriel : des souris tombèrent. . . je ne *les* eusse pas ramassées.

§ 177. — Le participe passé est invariable quand il a pour complément direct le pronom *l'* mis pour *le*, et représentant une proposition ou un adjectif; dans ce cas, *l'* signifie *cela*, et ne peut se traduire au pluriel par *les* :

> Comme elles *l'*avaient *dit*, la bête fut grippée. (La Font.)
> Elle n'est pas aussi jeune que je *l'*avais *cru*. (Acad.)

C'est-à-dire la bête fut grippée, comme elles avaient dit *cela*, qu'elle serait grippée, etc.

On ne pourrait pas dire au pluriel : comme elles *les* avaient dites, les bêtes furent grippées.

Participe passé entre deux que.

§ 178. — Le participe passé entre un *que* relatif et la conjonction *que* s'accorde, s'il a pour régime direct le *que* relatif qui précède, et reste invariable, s'il a pour régime direct la proposition qui suit :

> Vous *qu'*il a *convaincus* que j'étais innocent. (Bescher.)
> C'est la fleur que j'ai *dit* que *je vous donnerais*.. (Id.)

Il a convaincu qui ? vous ; *que* représentant *vous* est avant le participe : accord. — J'ai dit quoi ? que je vous donnerais laquelle fleur ; le régime est après : pas d'accord.

Il vaut mieux éviter ces tournures.

4.

II. VERBES NEUTRES.

§ 179. — Parmi les verbes neutres, les uns sont essentiellement neutres, les autres s'emploient aussi comme verbes actifs.

De là les deux règles suivantes.

I. Le participe passé des verbes essentiellement neutres, conjugué avec l'auxiliaire *avoir*, est toujours invariable, parce qu'il n'a jamais de complément direct :

> Son ombre vers mon lit *a paru* se baisser. (Racine.)
> Les Tyriens, jetant armes et boucliers,
> *Ont*, par divers chemins, *disparu* les premiers. (id.)

II. Le participe passé des verbes neutres employés comme verbes actifs, s'accorde avec son complément direct quand il en est précédé (1) :

> Tous les honneurs que j'ai reçus,
> C'est mon habit qui me *les a valus*. (Lemare.)

REMARQUE. Le participe passé des verbes *croupir*, *dormir*, *gémir*, *languir*, *régner*, *vivre*, est toujours invariable, parce que ces verbes sont toujours neutres, et, par conséquent, n'ont jamais de complément direct :

> Puisse le ciel, qui lit dans mon cœur éperdu,
> Ajouter à vos jours tous ceux que j'*ai vécu*.
> (La Chaussée).

C'est-à-dire tous les jours *pendant lesquels* j'ai vécu.

---

(1) D'après l'Académie, *coûté* est toujours neutre, et *valu*, *pesé*, ne sont variables qu'au figuré, c'est-à-dire dans le sens de *procuré*, *examiné*. De bons auteurs veulent, au contraire, que *coûté*, *valu*, *pesé*, précédés d'un complément direct même apparent, prennent toujours l'accord :

Que de *maux* et de *pleurs* nous ont *coûtés* nos pères! (Corneille.)
Que de *soins* m'eût *coûtés* cette tête charmante! (Racine.)

III. VERBES PRONOMINAUX.

1º *Verbes essentiellement pronominaux.*

§ 180. — Le participe passé des verbes essentiellement pronominaux s'accorde en genre et en nombre avec le second pronom, qu'ils ont toujours pour complément direct :

> Et sa haine, sur vous autrefois attachée,
> Ou *s'est évanouie*, ou s'est bien relâchée. (Racine.)

REMARQUE. Ce second pronom est toujours du même genre et du même nombre que le sujet. On pourrait donc dire aussi que le participe passé des verbes essentiellement pronominaux s'accorde toujours en genre et en nombre avec le sujet du verbe.

2º *Verbes accidentellement pronominaux.*

§ 181. — Le participe passé des verbes accidentellement pronominaux s'accorde en genre et en nombre avec son complément direct quand il en est précédé, et reste invariable quand il en est suivi ou qu'il n'en a pas :

> A ces mots j'ai frémi, mon âme *s'est troublée*. (Corn.)
> J'admire, j'en conviens, l'accord de ces trois frères,
> Pluton, Neptune, Jupiter,
> Qui se sont *partagé*, sans tumulte et sans guerres,
> *Le ciel*, et *la mer*, et *l'enfer*. (De Neufch.)

Mon âme est ayant troublé qui ? elle-même ; *se*, mis pour *elle-même*, est complément direct et précède le participe : accord. — Qui sont ayant partagé quoi ? le ciel, et la mer, et l'enfer ; le complément direct est après le participe : pas d'accord.

REMARQUE. Le verbe pronominal essentiel *s'arroger* (s'attribuer) suit toujours cette règle :

> Les droits *qu'*ils se sont *arrogés*.
> Ils se sont *arrogé des droits* qu'ils n'avaient pas

§ 182. — Le participe passé des verbes réciproques s'accorde avec le second pronom, toujours du même genre et du même nombre que le sujet du verbe :

> Ils *se* sont *attaqués* l'un l'autre avec fureur. (De Vitton.)

§ 183. — Le participe passé des verbes accidentelle-ment pronominaux, pris dans un sens passif, s'accorde toujours avec le sujet du verbe :

> *L'arche* s'est *bâtie* en cent ans. (Boiste.)

C'est-à-dire l'arche *a été bâtie* en cent ans.

REMARQUES. 1. Les verbes suivants sont toujours con-sidérés comme essentiellement pronominaux, parce qu'ils ont une autre signification que les verbes actifs ou neu-tres qui servent à les former :

S'apercevoir de.	*Se douter.*	*Se prévaloir.*
S'attaquer à.	*S'échapper.*	*Se saisir de.*
S'attendre à.	*Se louer de.*	*Se servir de.*
S'aviser de.	*Se plaindre de.*	*Se taire,* etc.

II. Le participe passé des autres verbes accidentelle-ment pronominaux qui sont formés d'un verbe neutre, est toujours invariable, parce qu'il n'a jamais de complé-ment direct.

Ces verbes sont au nombre de douze, savoir :

Se convenir.	*Se plaire.*	*Se rire.*
Se nuire.	*Se complaire.*	*Se sourire.*
S'entre-nuire.	*Se déplaire.*	*Se succéder.*
Se parler.	*Se ressembler.*	*Se suffire.*

Cependant on dit : cette langue s'est *parlée* autrefois, parce qu'ici *se parler* est pris dans un sens passif.

IV. VERBES IMPERSONNELS.

§ 184. — Le participe passé des verbes impersonnels, conjugué avec *avoir* ou *être*, est toujours invariable :

> Que d'efforts n'a-t-il pas *fallu* ? (Bescher.)
> Il est *arrivé* de grands malheurs. (Id.)

Participe passé précédé du pronom EN.

§ 185. — Le participe passé, accompagné du pronom *en*, s'accorde avec son complément direct quand il en est précédé, et reste invariable quand il en est suivi.

Le pronom *en*, toujours complément indirect, n'exerce aucune influence sur l'accord du participe :

> Rendez grâces au ciel qui *nous* en *a vengés*. (Corn.)
> Elle *s'en est vantée* assez publiquement. (Racine.)
> Le glaive a tué bien des hommes,
> La langue en a tué *bien plus*. (De Neuchât.)

REMARQUE. Le participe passé, précédé du pronom *en*, a souvent après lui un complément direct sous-entendu. C'est ordinairement un des mots *peu, beaucoup, aucun, quelqu'un, plusieurs, un, deux*, etc. :

> Des revenants, personne n'en a vu. (Bescher.)

C'est-à-dire personne n'en a vu *aucun*.

Participe passé précédé d'un adverbe de quantité et du pronom EN.

§ 186. — Le participe passé, précédé d'un adverbe de quantité et du pronom *en*, est toujours invariable :

> Des pleurs ! ah, ma faiblesse en a trop *répandu*.
> Il a fait plus d'exploits que d'autres n'en ont *lu*. (Boil.)

Par une exception généralement admise, le participe passé s'accorde quand il est précédé de *combien* et du pronom *en* représentant un nom du masculin pluriel :

> Pendant ces derniers temps, combien en a-t-on *vus*
> Qui, du soir au matin, sont pauvres devenus,
> Pour vouloir trop tôt être riches ! (La Font.)

C'est-à-dire combien *de gens* a-t-on vus.

Participe passé précédé de LE PEU.

§ 187. — Le participe passé, précédé de *le peu* suivi d'un complément, s'accorde tantôt avec *le peu*, tantôt avec le complément.

Il s'accorde avec *le peu* quand *le peu* signifie *le trop peu, le manque, le défaut* :

Le peu de bonne foi qu'il *a montré* le trouble. (Féru).

Il s'accorde avec le complément quand *le peu* signifie *la faible quantité, le petit nombre* :

Le peu de *liberté qu'il a prise* a déplu.
Le peu de *leçons que j'ai prises* ont suffi. (Acad.)

REMARQUE. *Le peu* signifie *le trop peu*, et, par extension, *le manque, le défaut*, quand on ne peut pas le retrancher sans nuire au sens de la phrase. Dans le cas contraire, il signifie *la faible quantité, le petit nombre*.

MOTS INVARIABLES

DE LA PRÉPOSITION.

§ 188. — La *préposition* est un mot qui sert à unir deux autres mots et à en marquer le rapport :

Un ange au radieux visage,
Penché *sur* le bord *d*'un berceau,
Semblait contempler son image
Comme *dans* l'onde *d*'un ruisseau. (Reboul.)

§ 189. — Les principaux rapports exprimés par les prépositions sont les rapports de *lieu*, de *but*, de *cause*, de *propriété*, d'*origine*, d'*ordre*, etc.

PRÉPOSITIONS SIMPLES.

A.	*Deçà.*	*Entre.*	*Parmi.*
Après.	*Delà.*	*Envers.*	*Pendant.*
Avant.	*Depuis.*	*Fors.*	*Pour.*
Avec.	*Derrière.*	*Hormis.*	*Sans.*
Chez.	*Dès.*	*Hors.*	*Selon.*
Contre.	*Devant.*	*Malgré.*	*Sous.*
Dans.	*Devers.*	*Outre.*	*Sur.*
De.	*En.*	*Par.*	*Vers.*

REMARQUE. Les participes suivants s'emploient comme prépositions, mais seulement quand ils précèdent le nom :

Attenant.	*Concernant.*	*Durant.*	*Joignant.*
Moyennant.	*Pendant.*	*Suivant.*	*Touchant.*
Approuvé.	*Attendu.*	*Excepté.*	*Ouï, vu.*
Passé.	*Supposé.*	*Non compris.*	*Y compris.*

LOCUTIONS PRÉPOSITIVES.

§ 190. — On appelle *locution prépositive* une réunion de mots faisant l'office de préposition.

Les principales locutions prépositives sont:

<table>
<tr><td>À cause de.</td><td>Avant de.</td></tr>
<tr><td>À côté de.</td><td>En deçà de.</td></tr>
<tr><td>À l'égard de.</td><td>En dépit de.</td></tr>
<tr><td>À l'exception de.</td><td>En faveur de.</td></tr>
<tr><td>À travers.</td><td>Jusqu'à.</td></tr>
<tr><td>Au delà de.</td><td>Loin de.</td></tr>
<tr><td>Au-dessous de.</td><td>Par delà.</td></tr>
<tr><td>Au-dessus de.</td><td>Par-dessus.</td></tr>
<tr><td>Au devant de.</td><td>Près de.</td></tr>
<tr><td>Auprès de.</td><td>Proche de.</td></tr>
<tr><td>Autour de.</td><td>Quant à.</td></tr>
<tr><td>Au travers de.</td><td>Vis-à-vis de.</td></tr>
</table>

DE L'ADVERBE.

§ 191. — L'*adverbe* est un mot qui sert à modifier un verbe, un adjectif ou un autre adverbe :

Les Anglais pensent *profondément*. (La Font.)

§ 192. — Les adverbes se divisent en adverbes de *lieu*, de *quantité*, de *manière*, de *négation*, de *comparaison*, d'*affirmation*, etc.

ADVERBES SIMPLES.

Ailleurs.	*Dehors.*	*Ici.*	*Parfois.*
Alentour.	*Déjà.*	*Jadis.*	*Partout.*
Assez.	*Demain.*	*Jamais.*	*Peu.*
Aujourd'hui.	*Désormais.*	*Là.*	*Plus.*
Auparavant.	*Dorénavant.*	*Loin.*	*Toujours.*
Aussitôt.	*Ensemble.*	*Longtemps.*	*Très.*
Autant.	*Ensuite.*	*Maintenant.*	*Trop.*
Autrefois.	*Environ.*	*Mieux.*	*Volontiers.*
Beaucoup.	*Exprès.*	*Moins.*	*Y.*
Bientôt.	*Gratis.*	*Ni.*	*Bravement.*
Davantage.	*Guère.*	*Non.*	*Follement.*
Dedans.	*Hier.*	*Où.*	*Sagement*, etc.

Formation des adverbes de manière.

§ 193. — La plupart des adverbes de manière sont terminés en *ment*. Ils se forment d'un adjectif qualificatif par l'addition de *ment* au féminin singulier: *bon, bonne-ment, douce-ment. — Traître* fait *traîtreuse-ment*.

Les adjectifs *aveugle, commode, commun, conforme, confus, énorme, exprès, immense, importun, obscur, opiniâtre, opportun, profond,* prennent un accent aigu sur la voyelle finale de leur féminin avant l'addition de *ment* : *avèuglé-ment, commodé-ment*, etc.

Quand l'adjectif est terminé au masculin par *é*, *i*, *u*, on supprime l'*e* du féminin, et on le remplace le plus souvent par un accent circonflexe dans les adjectifs en *u* : *aisé-ment ; hardi-ment ; assidû-ment ; congrû-ment ; continû-ment; crû-ment; dû-ment ; nû-ment ; résolû-ment*. — *Impuni, gentil, gai*, font *impunément, gentiment, gaîment* ou *gaiement*.

Les adjectifs en *ant* ou *ent* forment leurs adverbes par le changement de *ant* en *amment* et de *ent* en *emment* : *vaillant, vaillamment ; prudent, prudemment*.

Mais *lent, présent, véhément*, forment régulièrement leurs adverbes : *lente-ment, présente-ment, véhémente-ment*.

Degrés de signification dans les adverbes.

§ 194. — Comme les adjectifs, la plupart des adverbes admettent le comparatif et le superlatif :

> Ils demandaient *fort peu*, certains que le secours
> Serait prêt dans cinq ou six jours. (La Font.)

LOCUTIONS ADVERBIALES.

§ 195. — On appelle *locution adverbiale* une réunion de mots faisant l'office d'adverbe.

Les principales locutions adverbiales sont :

A jamais.	Çà et là.	D'ordinaire.	Par hasard.
A la fois.	Ci-après.	D'où.	Pêle-mêle.
A l'envi.	Ci-contre.	Du reste.	Peut-être.
A part.	De çà, de là.	En avant.	Plus tôt.
A présent.	De même.	En sus.	Plus tard.
Après-demain.	De plus.	Jusque-là.	Tôt ou tard.
A regret.	De suite.	Ne...pas.	Tour à tour.
Avant-hier.	Dès lors.	Ne...point.	Tout de suite.
Au reste.	D'ici.	Nulle part.	Une fois.

DE LA CONJONCTION.

§ 196. — La *conjonction* est un mot qui sert à unir deux propositions et à en marquer le rapport :

Couche-toi le dernier, *et* vois fermer ta porte. (La Font.)

§ 197. — Les propositions étant coordonnées ou subordonnées, les conjonctions qui servent à les unir se divisent en conjonctions de *coordination* et en conjonctions de *subordination*.

CONJONCTIONS SIMPLES.

COORDINATION.		SUBORDINATION.	
Car.	*Ni.*	*Comme.*	*Sinon.*
Donc.	*Or.*	*Quand.*	*Lorsque.*
Et.	*Ou.*	*Que.*	*Puisque.*
Mais.	*Puis.*	*Si.*	*Quoique.*

LOCUTIONS CONJONCTIVES.

§ 198. — On appelle *locution conjonctive* une réunion de mots faisant l'office de conjonction.

Les principales locutions conjonctives sont :

COORDINATION.		SUBORDINATION.	
Au moins.	*En effet.*	*Afin que.*	*De peur que.*
Du moins.	*Néanmoins.*	*A moins que.*	*Jusqu'à ce que.*
Cependant.	*Ou bien.*	*Après que.*	*Pourvu que.*
C'est pourquoi.	*Parce que.*	*Avant que.*	*Si ce n'est que.*
D'ailleurs.	*Toutefois.*	*Bien que.*	*Tandis que.*

DE L'INTERJECTION.

§ 199.—L'*interjection* est un mot qui sert à exprimer les divers sentiments de l'âme :

Oh ! le maudit bavard ! *Oh !* le sot érudit !
Il dit tout ce qu'il sait, et ne sait ce qu'il dit ! (Lebrun.)

INTERJECTIONS SIMPLES.

Ah !	*Ça !*	*Ha !*	*Holà !*	*Ouais*
Ahi !	*Chut !*	*Hé !*	*Là !*	*Ouf !*
Aïe !	*Eh !*	*Hein !*	*Las !*	*St !*
Bah !	*Ici !*	*Hélas !*	*Motus !*	*Sus !*
Bravo !	*Foin !*	*Ho !*	*Oh !*	*Vivat !* etc.

LOCUTIONS INTERJECTIVES.

§ 200. — On appelle *locution interjective* une réunion de mots faisant l'office d'interjection :

O rage ! ô désespoir ! ô viellesse ennemie !
N'ai-je donc tant vécu que pour cette infamie? (Corn.)

SUPPLÉMENT

SUPPLÉMENT AU NOM.

Noms qui ont deux formes au pluriel.

§ 201. — **Aïeul** fait au pluriel *aïeux* quand il désigne les ancêtres ou ceux qui ont vécu dans les siècles passés. Il fait *aïeuls* quand il désigne précisément le grand-père paternel et le grand-père maternel.

Ciel fait *cieux* au pluriel. Mais on dit des *ciels de tableau*, des *ciels de lit*, des *ciels de carrière*.

Œil fait *yeux*. Il fait aussi *œils*, mais seulement dans *œils-de-bœuf* (lucarnes), *œils-de-chèvre* (plantes), et dans tous les noms composés du même genre.

Travail fait *travaux*. Il fait *travails* quand il désigne :

1º Certains comptes ou rapports présentés par un inférieur à son chef ;

2º Ces machines de bois où l'on attache les chevaux fougueux pour les ferrer et les panser.

Noms qui s'emploient aux deux genres.

§ 202. — **Aigle** est féminin dans le sens de devises, d'armoiries, d'enseigne militaire, de constellation :

> *Aigle éployée* d'argent. (Acad.)

Nos consuls devant lui cachaient l'*aigle indignée*.

Hors de là, *aigle* est masculin :

> Le faucon est léger, l'*aigle plein* de courage. (La Font.)
> L'*aigle* d'une maison n'est qu'*un sot* dans une autre.
> (Gresset.)

§ 203. — **Amour** est aujourd'hui masculin au singulier :

> Albe, mon cher pays et *mon premier amour*. (Corn.)

Au pluriel, dans le sens de *passion*, il est presque toujours féminin :

> Les arts sont mes *seules amours*. (Bescherelle.)

§ 204. — **Automne** est de deux genres, mais le masculin est préférable :

> L'*Automne, couronné* de pampre et de raisins,
> Prend des mains de l'Été le sceptre des jardins. (Castel).

§ 205. — Couleur est féminin, excepté dans ces locutions: *le couleur de feu, de rose, de citron*, etc. :

Ce ruban est d'*un beau couleur de feu*. (Acad.)

Il serait peut-être plus exact de dire que ce n'est pas le mot *couleur* qui est masculin, mais le nom composé dont il fait partie.

§ 206. — *Couple* est masculin quand il désigne deux êtres animés unis par la volonté, par un sentiment ou par toute autre cause qui les rend propres à agir de concert :

Certain couple d'amis possédait quelque bien. (La Font.)

Il faut voir du logis sortir *ce couple* illustre. (Boileau.)

Couple est féminin quand il signifie simplement le nombre *deux* :

Une couple d'œufs, *une couple* de chapons. (Acad.)

Mais s'il s'agit de deux choses qui vont nécessairement ensemble, comme les souliers, les bas, les gants, etc., on dit *une paire* et non *une couple*.

Par suite, le mot *paire* s'emploie dans le même sens que le mot *couple* au masculin : Une *paire* d'amis; une *paire* de pigeons (mâle et femelle) ; une *paire* de bœufs (qu'on attache au même joug).

§ 207. — Délice est masculin au singulier et féminin au pluriel :

C'est *un délice* de faire des heureux.
Le vice est entouré de *trompeuses délices*. (Boiste.)

Remarque. *Amour* et *délice* employés dans la même phrase au singulier et au pluriel, sont toujours du masculin :

L'amour maternel
Est de *tous* les amours le seul qui soit réel. (Demoust.)

§ 208. — Enfant est masculin quand il désigne un garçon, et féminin quand il désigne une fille :

Un jeune *enfant* dans l'eau se laissa choir. (La Font.)
Va-t'en, *ma* pauvre *enfant*. (Molière.)

Il est toujours masculin au pluriel, et quand il est pris dans un sens général :

Heureux, heureux mille fois
L'*enfant* que le Seigneur rend docile à ses lois ! (Rac.)

§ 209. — FOUDRE, au propre (1), est féminin :

La foudre éclate, tombe en sillons tortueux. (Dulong.)

Il est quelquefois masculin en ce sens, surtout en poésie et dans le style soutenu :

Tel. *échappé* du sein d'un nuage brûlant,
S'élance avec l'éclair *un foudre menaçant*. (Delille.)

Foudre, au figuré, est ordinairement masculin :

Comment ! des animaux qui tremblent devant moi !
Je suis donc *un foudre* de guerre ? (La Font.)

§ 210. — GENT, au singulier, est féminin :

Et Rodilard passait chez *la gent misérable*,
Non pour un chat, mais pour un diable. (La Font.)

Gens, au pluriel, est masculin :

Tous les *gens querelleurs*, jusqu'aux simples mâtins,
Au dire de chacun, étaient de *petits saints*. (La Font.)

Par euphonie, les adjectifs placés immédiatement avant le mot *gens* se mettent au féminin, s'ils n'ont pas la même terminaison pour les deux genres; dans ce cas, tous les autres adjectifs qui se rapportent au mot *gens* et qui le précèdent, se mettent également au féminin :

C'est pour les *bonnes* gens
Que le ciel a créé les plaisirs innocents. (Gresset.)

Toutes les *vieilles* gens sont soupçonneux. (Acad.)

Mais si le mot *gens* est immédiatement suivi d'un adjectif ou de quelque autre mot qui le détermine, ou bien s'il est suivi de la préposition *de* et d'un substantif qui désigne un état, une profession quelconque, tous les adjectifs qui s'y rapportent se mettent au masculin :

Certains gens d'affaires. (Acad.)

Tous les gens pieux, *tous* les gens qui raisonnent. (id.)

---

(1) Un mot est employé dans le sens *propre* quand il a sa signification primitive et ordinaire; il est employé dans le sens *figuré* lorsque, en vertu d'une comparaison, il est détourné de sa signification propre :

Mettre la *clef* dans la serrure. (La Font.)
La Grammaire est la *clef* des sciences. (Dumarsais).

Dans le premier exemple, le mot *clef* est pris dans le sens *propre* parce qu'il désigne un instrument en fer, en acier, etc., qui sert à ouvrir et à fermer une serrure; dans le second exemple, le mot *clef* est pris dans le sens *figuré* parce qu'il a une signification différente de sa signification propre, en vertu de cette comparaison : à l'aide d'une clef, on entre dans un appartement; de même, à l'aide de la Grammaire, on entre dans l'étude des sciences.

§ 211. — HYMNE, chant d'église, est ordinairement féminin :

Chanter *une hymne, une belle hymne.* (Acad.)

Hymne est masculin dans tous les autres sens :

Et du fond des bosquets *un hymne universel*
S'élève dans les airs et monte jusqu'au ciel. (Michaud.)

§ 212. — ŒUVRE est toujours féminin au pluriel :

Seigneur, que tes *œuvres* sont *belles* ! (Lefranc.)

Œuvre est masculin au singulier :

1º Quand il désigne le produit d'une intelligence supérieure, ou bien encore une entreprise méritoire ou très importante :

Donnons à *ce grand œuvre* une heure d'abstinence.

(Boileau.)

2º Quand il s'applique à un ouvrage de musique, ou qu'il désigne le recueil de toutes les estampes d'un graveur :

Le second œuvre de Mozart. (Acad.)

3º Dans l'expression *le grand œuvre* (la pierre philosophale.)

§ 213. — ORGUE est masculin au singulier et féminin au pluriel : *un bon orgue, de belles orgues.* (Acad.)

Mais *orgues*, désignant plusieurs instruments, est masculin:

Cet orgue est un des plus *beaux* qu'on puisse voir.

§ 214. — PAQUE, fête des Juifs, est féminin : *La Pâque* des Juifs. — Célébrer *la Pâque.* (Acad.)

Pâques, fête des chrétiens, est masculin : A *Pâques prochain.* — Quand *Pâques* sera *venu.* (Acad.)

Mais il est du féminin et du pluriel dans *Pâques fleuries, Pâques closes*, faire ses *pâques.* (Acad.)

§ 215. — QUELQUE CHOSE est féminin quand il signifie *quelle que soit la chose ;* dans ce cas, il est toujours suivi du subjonctif :

Quelque chose qu'il fasse, on *la* trouve mal *faite.*

Il est masculin quand il signifie *une chose :*

Pour savoir *quelque chose*, il faut l'avoir *appris.*

(Andrieux.)

Pluriel des noms propres.

§ 216. — Les noms propres ne prennent pas la marque du pluriel :

1o Lorsqu'ils désignent les personnes mêmes qui portent les noms :

> Les *Geer*, les *Réaumur* ont décrit ces merveilles,
> Et le chantre d'Auguste a chanté les abeilles. (Delille.)

C'est-à-dire Geer et Réaumur ont décrit ces merveilles.

Cependant on dit avec une *s* : les *Horaces*, les *Curiaces*, les *Gracques*, les douze *Césars*.

2o Lorsqu'ils désignent les ouvrages d'esprit auxquels ils servent de titre :

> Envoyez-moi deux *Télémaque*. (Boniface.)

C'est-à-dire deux exemplaires de *Télémaque*.

§ 217. — Les noms propres sont employés comme noms communs, et, par conséquent, prennent la marque du pluriel :

1o Quand ils désignent des personnes semblables par leur caractère, leurs qualités, leurs talents, etc., à celles dont on cite le nom :

> Un Auguste aisément peut faire des *Virgiles*. (Boileau.)
> Quatre *Mathusalems* bout à bout ne pourraient
> Mettre à fin ce qu'un seul désire. (La Font.)

C'est-à-dire des poëtes semblables à Virgile, etc.

2o Quand ils désignent toute une famille, toute une race :

> La Seine a des *Bourbons*, le Tibre a des *Césars*. (Boil.)

3o Quand ils désignent des œuvres d'art, des ouvrages cé-lèbres :

> Des *Elzévirs*, des *Poussins*, des *Rembrandts*.

C'est-à-dire des éditions d'Elzévir, des tableaux de Poussin, des gravures de Rembrandt.

4o Quand ils désignent plusieurs pays :

> Les deux *Siciles*, les *Calabres*, les *Gaules*.

Pluriel des noms composés.

§ 218. — Pour former le pluriel des noms composés, il faut considérer le sens qu'ils expriment et la nature des mots qui les composent:

De tous les mots qui servent à former les noms composés, le *substantif* et l'*adjectif* seuls peuvent prendre le marque du pluriel.

De là les règles suivantes.

I. *Noms composés formés de deux substantifs unis par une préposition.*

§ 219 — Lorsque le nom composé est formé de deux substantifs unis par une préposition, le premier seul prend la marque du pluriel :

> Certain enfant avait des *vers à soie,*
> Son amusement et sa joie. (Aubert.)

La règle est la même, si la préposition est sous-entendue : des *hôtels-Dieu* (des hôtels *de* Dieu).

Si le substantif principal est sous-entendu , les noms exprimés restent invariables :

> Des *coq-à-l'âne* (des *discours* où l'on passe du coq à l'âne).
> Des *tête-à-tête* (des *entretiens* où l'on est tête à tête).

II. *Noms composés formés d'un substantif et d'un adjectif.*

§ 220. — Lorsque le nom composé est formé d'un substantif et d'un adjectif, tous deux prennent la marque du pluriel :

> Les *chats-huants* habitent les forêts. (Buffon.)

La règle est la même, si l'adjectif est remplacé par un nom pris adjectivement (1) :

Des *chefs-lieux.* Des *choux-fleurs.* Des *martins-pêcheurs.* Des *chiens-loups.* Des *pigeons-paons.* Des *oiseaux-mouches.*

Si l'adjectif qualifie un nom sous-entendu, c'est avec ce nom qu'il s'accorde :

> Des *blanc-seings* (des signatures sur *papier blanc*).
> Des *terre-pleins* (des *lieux pleins* de terre).

---

(1) Un nom est pris adjectivement quand il exprime une qualité :

> Le plus *âne* des trois n'est pas celui qu'on pense. (La Font.)

III. *Noms composés formés d'un substantif et d'un verbe ou d'un mot invariable.*

§ 221. — Lorsque le nom composé est formé d'un substantif et d'un verbe ou d'un mot invariable, le nom seul prend la marque du pluriel :

> Mes *arrière-neveux* me devront cet ombrage. (La Font.)

> Faites donc mettre au moins des *garde-fous* là-haut (1).

Les substantifs qui désignent quelque partie unique du corps humain, sont toujours invariables :

> Ces escaliers sont de vrais *casse-cou*. (Dumesnil.)

IV. *Noms composés qui ne renferment ni substantif ni adjectif.*

§ 222. — Lorsque le nom composé ne renferme ni substantif ni adjectif, tous les mots qui le forment sont invariables:

> Ce ne sont là que des *on dit*. (Boniface.)

SUPPLÉMENT A L'ADJECTIF.

Pluriel des adjectifs composés.

§ 223. — I. Les deux adjectifs s'accordent, lorsque chacun d'eux qualifie séparément le nom :

> Des compliments *aigres-doux* et malins. (Trévoux.)

II. Quand le premier adjectif est pris substantivement, les deux adjectifs sont invariables :

> Néron avait les cheveux *châtain-clair*. (Bescher.)

C'est-à-dire d'*un châtain* clair.

III. Quand le premier adjectif ne fait que modifier le second, il est pris adverbialement et reste invariable :

> Légère et *court-vêtue*, elle allait à grands pas. (La Font.)

C'est-à-dire *courtement* vêtue.

---

(2) Dans les noms composés, le mot *garde* est substantif et variable, si le nom composé désigne une personne : un *garde-pêche*, des *gardes-pêche*; il est verbe et invariable, si le nom composé désigne une chose ; un *garde-manger*, des *garde-manger*.

Adjectifs qualificatifs employés comme adjectifs et comme adverbes.

Court, droit, haut, net, etc.

§ 224. — Les mots *court, droit, haut net*, etc., employés comme adjectifs, s'accordent en genre et en nombre avec le nom qu'ils qualifient :

Leur amitié fut *courte*, autant qu'elle était rare. (La F.)
Des taillis les plus *hauts* mon front atteint le faîte. (id.)

Employés comme adverbes, ils sont invariables :

Que d'autres à ma place auraient pu rester *court* !

Nul n'éleva si *haut* la grandeur ottomane. (Racine.)

Nu, Demi, Feu, Ci-inclus, Ci-joint.

§. 225. — Nu, placé avant le nom, est invariable ; placé après, il s'accorde :

Diogène marchait *nu*-pieds. (Bescherelle.)
Le roi suivait pieds *nus* l'étendard de la Croix. (id.)

§ 226. — Demi, placé avant le nom, est invariable ; placé après, il s'accorde, mais il reste toujours au singulier :

On ne gouverne point par des *demi*-mesures. (Montaig.)
L'aigle a huit pieds et *demi* d'envergure. (Buffon.)
Onze livres et *demie* d'or. (Vertot.)

§ 227. — Feu ne s'accorde que lorsqu'il est placé immédiatement devant le nom : La *feue* reine (Acad.) ;

Et j'ai toujours été nourri par *feu* ma mère
Dans la crainte de Dieu, monsieur, et des sergents.

§ 228. — Ci-inclus et ci-joint sont invariables, lorsqu'ils commencent la phrase, ou qu'ils sont suivis d'un nom employé sans l'article ou sans adjectif déterminatif :

Ci-joint deux billets de cents francs.
Vous trouverez *ci-inclus* copie du contrat. (Acad.)

Ils s'accordent dans tout autre cas :

La liste *ci-incluse* est complète.
Vous trouverez *ci-jointe* la copie du traité. (Acad.)

Adjectifs déterminatifs employés comme adjectifs et comme adverbes.

Même.

§ 229. — MÊME est adjectif quand il exprime *l'identité* ou *la ressemblance*; il est adverbe quand il signifie *et même, aussi, de plus, jusqu'à*. Ainsi,

I. *Même* est adjectif et s'accorde :

1o Quand il précède immédiatement le nom :

> Partout les peuples se ressemblent :
> *Mêmes* vices, *mêmes* vertus. (Lemare).

2o Quand il suit immédiatement soit l'article, soit un pronom personnel exprimé ou sous-entendu :

> Du berger et du roi les cendres sont les *mêmes*.
>
> De nos maux n'accusons que nous-*mêmes*. (La Harpe.)
>
> Les Grecs *mêmes* sont las de servir sa colère. (Racine.)

II. *Même* est adverbe et invariable :

1o Quand il modifie un verbe, un adjectif ou un adverbe :

> J'entends *même* les cris des barbares soldats. (Racine.)
> J'en jure par le fleuve aux dieux *même* terrible. (Id.)
> Les goûts sont différents, souvent *même* opposés.

2o Quand il est placé après plusieurs noms sujets ou compléments :

> Les riches, les puissants, les rois *même* ont des peines.
> Seigneur, préservez-moi, préservez ceux que j'aime,
> Frères, parents, amis, et mes ennemis *même*. (Tastu.)

Quelque.

§ 230. — QUELQUE est adjectif quand il signifie *un, plusieurs*, ou qu'il équivaut à *quel que soit le, quelle que soit la*, etc.; il est adverbe quand il veut dire *si, environ, à quelque degré que*. Ainsi,

I. *Quelque* est adverbe et s'accorde :

1o Quand il est suivi d'un nom ou d'un pronom :

> *Quelques* crimes toujours précèdent les grands crimes.
> Si *quelques*-uns l'ont fait, je ne suis pas du nombre.

2° Quand il est suivi d'un verbe ou d'un pronom personnel ; alors il s'écrit en deux mots, et *quel* s'accorde en genre et en nombre avec le sujet du verbe:

Quels que soient les humains, il faut vivre avec eux.

(Gresset.)

II. *Quelque* est adverbe et invariable :

1° Quand il est suivi d'un adjectif numéral:

Et quel âge avez-vous ? Vous avez bon visage. —
Eh! *quelque* soixante ans. (Racine.)

2° Quand il modifie un adjectif ou un adverbe :

Quelque vaillants soldats qu'ils soient, on les battra.

Quelque adroitement qu'ils s'y prennent. (Acad.)

Cependant *quelque*, joint à un adjectif suivi d'un nom, s'accorde avec ce nom quand on peut le traduire par *quel que soit le, quelle que soit la*, etc. ; dans ce cas, on peut toujours retrancher l'adjectif sans nuire au sens de la phrase:

Mais *quelques* vains lauriers que promette la guerre,
On peut être héros sans ravager la terre. (Boileau.)

C'est-à-dire *quels que soient les* (vains) lauriers...

Tout.

§ 231. — TOUT est adjectif quand il signifie *chaque, tout entier*, et quand il exprime la totalité des personnes ou des choses dont on parle; il est adverbe quand il signifie *quelque, quoique, tout à fait*. Ainsi ,

I. *Tout* est adjectif et s'accorde quand il détermine un nom ou un pronom :

En *toute* chose il faut considérer la fin.(La Font.)
La liberté de l'Inde est *toute* entre mes mains.(Rac.)
On perd *tous* ses amis en perdant *tout* son bien.

II. *Tout* est adverbe et invariable :

1° Quand il modifie un adjectif, un adverbe ou un nom pris adjectivement:

Tout cassé que je suis, je cours toute la ville. (Corn.)
Ces fleurs sont *tout* aussi fraîches qu'hier. (Ménage.)
Ces gens sont *tout* yeux, *tout* oreilles. (Acad.)

2° Dans l'expression *tout entier* :

Et mon âme à la cour s'attacha *tout entière*. (Rac.)

REMARQUE. *Tout*, bien qu'ayant le sens d'un adverbe, s'accorde, par euphonie, devant un adjectif féminin commençant par une consonne ou par une *h* aspirée :

Une noix me rend *toute* ronde. (La Font.)

En vérité, je suis *toute* honteuse. (Bescher.)

Tout suivi de *autre*.

§ 232. — *Tout*, suivi immédiatement de *autre*, est adjectif quand *tout autre* signifie *quelconque*; il est adverbe quand *tout* signifie *tout à fait*. Ainsi,

I. *Tout*, suivi de *autre*, est adjectif et s'accorde quand il détermine un nom ; dans ce cas, le sens permet de le mettre immédiatement avant le nom :

De *toute* autre *victime* il refuse l'offrande. (Racine.)

C'est-à-dire il refuse l'offrande de *toute victime* autre, d'une victime *quelconque*.

II. *Tout*, suivi de *autre*, est adverbe et invariable quand il modifie l'adjectif *autre* :

La cour est à Marly *tout autre* qu'à Versailles. (Rac.)

REMARQUE. Suivi de *autre* et accompagné de *un*, *une*, *tout* est encore invariable, parce qu'alors il modifie toujours l'adjectif *autre* :

Pour vous, vous méritez *tout* une *autre* fortune. (La F.)

SUPPLÉMENT

AUX SIGNES ORTHOGRAPHIQUES.

Des Accents.

§ 233. — L'accent *aigu* se met sur les *e* fermés qui terminent une syllabe, ou qui sont suivis d'une *s* employée comme marque du pluriel :

Tout animal n'a pas toutes *propriétés*. (La Font.)

Mais on écrit toujours sans accent les *e* fermés suivis de la lettre *x* :

Salut, champs que j'aimais, et vous douce verdure,
Et vous, riant *exil* des bois,
Ciel, pavillon de l'homme, admirable nature,
Salut pour la dernière fois ! (Gilbert.)

§ 234. — I. L'accent *grave* se met sur les *e* ouverts suivis d'une *s* qui termine le mot, et sur les *e* ouverts qui terminent une syllabe et qui sont suivis d'une consonne et d'un *e* muet :

Son *procès* est tout fait, et je l'assommerai. (Racine.)
Tout *père* frappe à côté. (La Font.)

Il faut excepter : 1º *es, mes, les, ses, les, ces,* et *des*, article, qui s'écrivent sans accent :

Les longs ouvrages me font peur. (La Font.)

2º Les mots en *ege*, ainsi que les mots *avénement* et *événement*, qui prennent l'accent aigu :

C'était un *piége :* il y fut attrapé. (La Font.)

3º Les mots suivants terminés en *eme : baptême, blême, carême, chrême, extrême, même, suprême,* qui prennent l'accent circonflexe :

De quel droit sur vous-*même* osez-vous attenter ? (Rac.)

II On met encore l'accent grave sur *decà, delà, jà* (vieux mot) *déjà, holà, voilà* :

Voilà les Apennins, et voici le Caucase. (La Font.)

III. L'accent grave sert encore à distinguer le sens de différents mots qui sont formés des mêmes lettres.

Ainsi, on écrit avec l'accent grave les prépositions *à, ès, dès, lès,* et les adverbes *où, çà, là,* pour les distinguer des verbes *a, es,* de l'article *des,* de l'article et du pronom *les,* du pronom *ça,* de l'article et du pronom *la :*

Où la vertu finit, *là* commence le vice. (G. Duviv.)

§ 235. — I. L'accent circonflexe se met sur les voyelles restées longues après la suppression d'une lettre :

Je suis *âne,* il est vrai, j'en conviens, je l'avoue :
Mais que dorénavant on me *blâme,* on me loue,
Qu'on dise quelque chose, ou qu'on ne dise rien,
J'en veux faire à ma *tête.* Il le fit, et fit bien. (La Font.)

II. L'accent circonflexe se met encore :

1º Aux deux premières personnes du pluriel du parfait défini, dans tous les verbes :

J'ai passé les déserts ; mais nous n'y *bûmes* point. (La F.)

2º A la troisième personne du pluriel de l'imparfait du subjonctif, dans tous les verbes :

> Qu'il *allât* ou qu'il *vînt*, qu'il *bût* ou qu'il *mangeât*,
> On l'eût pris de bien court à moins qu'il ne *songeât*
> A l'endroit où gisait cette somme enterrée. (La Font.)

3º Sur l'*i* des verbes en *aître* et en *oître*, quand il est suivi d'un *t* :

> Il *connaît* l'univers, et ne se *connaît* pas. (La Font.)

4º Sur l'*u* du participe passé de *mouvoir, devoir* et *redevoir*, mais seulement au masculin singulier :

> J'ai fait ce que j'ai *dû*, je ne m'en repens pas. (Racine.)

REMARQUE. *Croître* prend l'accent circonflexe sur *i* et *u* non suivis de deux *s* : je *crois*, je *crûs;* excepté au féminin du participe passé : *crue, crues.*

Plaire et ses composés prennent aussi l'accent circonflexe à la 3ᵉ personne du singulier du présent de l'indicatif :

> Dieu se *plaît* à donner, mais il veut qu'on le prie. (Rac.)

III. L'accent circonflexe sert encore à distinguer le sens de différents mots qui sont formés des mêmes lettres.

Ainsi, on écrit avec l'accent circonflexe *châsse*, (coffre où l'on garde des reliques), *mûr* (adjectif), *sûr* (certain), pour les distinguer de *chasse* (action de chasser), *mur* (substantif), *sur* (préposition, ou adjectif qui veut dire *aigre*) :

> Nul empire n'est *sûr*, s'il n'a l'amour pour base. (Rac.)

De l'Apostrophe.

§ 236. — *L'apostrophe* sert à marquer la suppression des voyelles *a, e, i*, devant une autre voyelle ou une *h* muette.

I. *A* se supprime dans *la*, article ou pronom :

> Ce n'était pas un loup, ce n'en était que *l'*ombre. (La F.)

II. *E* se supprime : 1º Dans *je, me, te, se, le, que, de, ce, ne, jusque* :

> *L'*argent vient-il comme il *s'*en va ? (La Font.)

Mais la suppression des voyelles *a, e*, n'a pas lieu dans les pronoms *le, la,* placés après le verbe :

> Mettons-*le* en notre gibecière. (La Font.)

5.

2º Dans *lorsque, puisque, quoique,* suivis de *il, elle, ils. elles, on, un, une* :

> *Puisqu*'il vous faut du pain pour vous nourrir,
> Songez à bien traiter ceux qui le font venir. (Andr.)

3º Dans *entre* faisant partie d'un mot, et dans *presqu'ile, quelqu'un, quelqu'une* :

> Il se faut *entr'aider* : c'est la loi de nature. (La Font.)

III. *I* se supprime dans *si* suivi de *il, ils* :

> Jamais, *s*'il me veut croire, il ne se fera peindre. (La F.)

Du Trait d'union.

§ 237. — On emploie le *trait d'union* : 1º entre les parties d'un grand nombre de mots composés :

> Et dans les *bouts-rimés* je vous trouve adorable. (Mol.)

2º Entre les parties d'un nom propre :

> Le pauvre homme était loin
> De tout humain secours : c'était à la campagne,
> Près d'un certain canton de la *Basse-Bretagne,*
> Appelé *Quimper-Corentin.* (La Font.)

3º Entre les verbes et les pronoms personnels, lorsque ces pronoms sont sujets ou compléments des verbes qui précèdent :

> *Aide-toi,* le ciel t'aidera. (La Font.)

4º Entre *même* et le pronom personnel qui précède :

> Rentre en *toi-même,* et cesse de te plaindre. (Corn.)

5º Entre *ci, ici, là,* et les mots auxquels ils sont étroitement liés :

> *Celui-ci* vint suivi d'un cortége d'enfants. (La Font.)

6º Entre *nu, demi,* et les mots qu'ils modifient et qu'ils précèdent :

> Ses ais *demi-pourris,* que l'âge a relâchés,
> Sont à coups de maillet unis et rapprochés. (Boil).

7º Avant et après le *t* euphonique :

> Eh ! la peur se corrige-*t*-elle ? (La Font.)

Des Majuscules.

§ 238. — On emploie une *majuscule* ou *grande lettre* pour commencer :

1o Une phrase, un vers, une citation :

> *L'*hirondelle leur dit : *Arrachez* brin à brin
> *Ce* qu'a produit ce maudit grain. (La Font.)

2o Les noms qui désignent Dieu :

> Concluons que la *Providence*
> Sait ce qu'il nous faut mieux que nous.(La Font.)

Mais le mot *ciel* s'écrit toujours sans majuscule.

3o Les noms propres d'anges, d'hommes, de peuples, d'animaux, de fausses divinités :

> *Baucis* devient tilleul, *Philémon* devient chêne.
> (La Font.)

4o Les noms de pays, de montagnes, de fleuves, de rivières :

> Deux vrais amis vivaient au *Monomotapa*. (La Font.)

5o Les noms de fêtes, de monuments, de vaisseaux, de villes, de rues, etc :

> De telles gens il est beaucoup
> Qui prendraient *Vaugirard* pour *Rome*.
> (La Font.)

6o Les noms de choses personnifiées, les grands corps politiques, savants, etc., les titres honorifiques, le titre d'un ouvrage, etc.;

> Si *Peau d'Ane* m'était conté,
> J'y prendrais un plaisir extrême. (La Font.)

ANALYSES.

—

ANALYSE GRAMMATICALE.

§ 239. — *L'analyse grammaticale* considère un à un tous les mots d'une phrase ; elle en indique la nature, l'espèce et les variations de genre, de nombre, de personne, de temps et de mode.

Pour rendre cette analyse plus agréable et plus utile, on peut en outre y faire entrer la désignation des rôles que les mots jouent dans la phrase, et montrer comment s'appliquent les règles qui président à l'accord des mots.

EXEMPLE D'ANALYSE GRAMMATICALE.

Sur différentes fleurs l'abeille se repose,
Et fait du miel de toute chose. (La Font.)

Sur Préposition.

différentes Adjectif qualificatif, au féminin pluriel, parce que le substantif *fleurs* qu'il qualifie est du féminin pluriel, règle : *Chien hargneux a toujours l'oreille déchirée.* (§ 64.)

fleurs Nom commun, féminin pluriel, complément de la préposition *sur*, parce qu'il répond à la question *sur quoi?*

l' (pour *la*) Article simple, au féminin singulier, parce que le substantif *abeille* qu'il détermine est du féminin singulier, règle : *La louange chatouille et gagne les esprits.* (§ 34.)

abeille Nom commun, féminin singulier, sujet des verbes *se repose, fait*, parce qu'il répond aux questions *qui se repose? qui fait?*

se — Pronom personnel de la 3e personne, féminin singulier, complément direct du verbe *repose*, parce qu'il répond à la question *l'abeille repose qui ?* à la 3e pers. du fém. sing., parce que le substantif *abeille* qu'il remplace est de la 3e pers. du fém. sing., règle : *De quand sont vos jambons ? Ils ont fort bonne mine.* (§ 82.)

repose, — Verbe actif, 3e pers. du sing. du présent de l'indicatif de reposer, reposant, reposé, je repose, je reposai, 1re conjugaison, formant avec le pronom *se* un verbe pronominal accidentel ; à la 3e pers. du sing., parce que son sujet *abeille* est de la 3e pers. du sing., règle : *J'ai tant fait que nos gens sont enfin dans la plaine.* (§ 151.)

Et — Conjonction de coordination.

fait — Verbe actif, 3e pers. du sing. du prés. de l'ind. de faire, faisant. fait, je fais, je fis, 4e conjug. ; à la 3e pers. du sing., parce que son sujet *abeille* est de la 3e pers. du sing., règle : *J'ai tant fait que nos gens sont enfin dans la plaine.*

du — (Pour *de le*) article contracté, au masculin singulier, parce que le substantif *miel* qu'il détermine , est du masculin singulier, règle : *La louange chatouille et gagne les esprits.*

miel — Nom commun, mas. sing., complément direct du verbe *fait*, parce qu'il répond à la question *l'abeille fait quoi ?*

de — Préposition.

toute — Adjectif indéfini, au fém. sing., parce que le substantif *chose* qu'il détermine est du féminin singulier, règle : *Chien hargneux a toujours l'oreille déchirée.*

chose — Nom commun, fém. sing., complément de la préposition *de*, parce qu'il répond à la question *de quoi ?*

ANALYSE LOGIQUE.

§ 240. — L'*analyse logique* décompose les phrases en propositions, et les propositions en leurs parties logiques.

Une *phrase* est une réunion de mots formant un sens complet.

Toute phrase renferme une ou plusieurs propositions.

Une *proposition* est l'énonciation d'un jugement (1).

Lorsque je dis : *Dieu est bon*, j'affirme que l'idée de *bon* convient à l'idée de *Dieu;* j'énonce un jugement, et l'énonciation de ce jugement est une *proposition*.

§ 241. — Toute proposition renferme nécessairement trois termes : le *sujet*, le *verbe* et l'*attribut*.

Le *sujet* est le terme qui désigne la personne ou la chose dont on parle.

Le *verbe* est le terme qui affirme que la qualité exprimée par l'attribut convient ou ne convient pas au sujet.

L'*attribut* est le terme qui exprime la qualité que l'on juge convenir ou ne pas convenir au sujet.

§ 242. — Outre ces trois termes, la proposition peut renfermer un ou plusieurs *compléments*.

On donne le nom de *complément* à tous les mots qui servent à compléter la signification du sujet et de l'attribut:

Le bien *de la fortune* est *un* bien *périssable*. (Racan.)

Remarque. Tous les mots qui servent à compléter le sujet et l'attribut font partie de ces derniers, et forment avec eux ce qu'on appelle le *sujet logique*, l'*attribut logique*.

Ainsi, dans le vers qui précède, le sujet logique est *le bien de la fortune*, et l'attribut logique, *un bien périssable*.

---

(1) On appelle *jugement* l'acte de l'esprit qui affirme la convenance ou la disconvenance des idées.

I. PARTIES DE LA PROPOSITION.

SUJET ET ATTRIBUT.

§ 243. — Le sujet et l'attribut sont *simples* ou *multiples,* *complexes* ou *incomplexes.*

1º Le sujet et l'attribut sont *simples* quand ils sont exprimés par un seul mot dont le sens est complet :

> *Dieu* fait bien ce qu'*il* fait. (La Font.)

Il est *bon* de parler et *meilleur* de se taire. (id.)

2º Le sujet et l'attribut sont *multiples* quand ils sont exprimés par plusieurs mots dont le sens est complet :

> *Le loup* et le *renard* sont d'étranges voisins. (La Font.)
> Tout est aux écoliers *couchette* et *matelas.* (id.)

3º Le sujet et l'attribut sont *complexes* quand ils sont accompagnés de quelque mot qui les modifie ou les complète :

> *Petit poisson* deviendra grand,
> Pourvu que Dieu lui prête vie. (La Font.)
> Les arts sont *les enfants de la nécessité.* (id.)

4º Le sujet et l'attribut sont *incomplexes* quand ils ont par eux-mêmes un sens complet (1) :

> *La dispute* est d'un grand secours :
> Sans elle *on* dormirait toujours. (La Font.)
> Ses jours de jeûne étaient *des noces.* (id.)

VERBE.

§ 244. — Le verbe est toujours le verbe *être,* soit distinct, soit combiné avec l'attribut :

> La moindre taupinée *était* mont à ses yeux. (La Font.)
> Les chapons *ont* en nous fort peu de confiance. (id)

C'est-à-dire les chapons *sont ayant* en nous fort peu de confiance.

---

(1) On peut sans inconvénient regarder comme sujet ou attribut simple et incomplexe, un nom accompagné de l'article ou d'un adjectif déterminatif.

COMPLÉMENTS.

§ 245. — Il y a cinq sortes de compléments : le complément *déterminatif*, le complément *explicatif*, le complément *direct*, le complément *indirect* et le complément *circonstanciel*.

§ 246. — Le complément est *déterminatif*, lorsqu'il précise la signification du sujet ou de l'attribut :

Le *bon* cœur est chez vous compagnon *du bon sens*. (La F.)

On reconnaît que le complément est déterminatif quand on ne peut le retrancher sans nuire au sens de la phrase.

§ 247. — Le complément est *explicatif*, lorsqu'il ajoute des explications, des développements au sujet ou à l'attribut :

Le lion, *terreur des forêts*,
Chargé d'ans et pleurant son antique prouesse,
Fut enfin attaqué par ses propres sujets. (La Font.)

On reconnaît que le complément est explicatif quand on peut le retrancher sans nuire au sens de la phrase.

§ 248. — Le complément est *direct*, lorsqu'il complète directement, c'est-à-dire sans le secours d'une préposition, l'idée commencée par l'attribut :

Chaque jour amène *son pain*. (La Font.)

On reconnaît que le complément est direct quand il répond à la question *qui*? ou *quoi*? mise après l'attribut.

§ 249. — Le complément est *indirect*, lorsqu'il complète indirectement, c'est-à-dire avec le secours d'une préposition, l'idée commencée par l'attribut :

J'oppose quelquefois par une double image
Le vice *à la vertu*, la sottise *au bon sens*,
Les agneaux *aux loups ravissants*. (La Font.)

On reconnaît que le complément est indirect quand il répond à l'une des questions *à qui? à quoi? de qui? de quoi? par qui? par quoi?* etc., mise après l'attribut.

§ 250. — Le complément est *circonstanciel*, lorsqu'il marque une circonstance de lieu, de temps, de manière, de cause, etc., qui modifie l'idée exprimée par l'attribut :

Je vois *de loin*, j'atteins *de même*. (La Font.)

On reconnaît que le complément est circonstanciel quand il répond à l'une des questions *où? quand? comment ? pourquoi ?* etc., mise après l'attribut.

II. PROPOSITIONS.

Propositions considérées en elles-mêmes.

§ 251. — Considérées en elles-mêmes, les propositions sont *explicites* ou *implicites*, *explétives* ou *elliptiques*, *directes* ou *indirectes*.

1o La proposition est *explicite*, lorsque chacun de ses trois termes essentiels est exprimé distinctement :

La sotte *vanité* nous *est particulière.*(La Font.)

2o La proposition est *implicite*, lorsqu'elle est exprimée par un mot qui renferme en soi le sujet, le verbe et l'attribut, sans être lui-même un de ces trois termes :

Holà ! Martin-bâton ! (La Font.)

C'est-à-dire : *Toi sois venant* ici, Martin-bâton.

3o La proposition est *explétive* quand un des termes essentiels est répété par pléonasme :

Oui, vous êtes *sergent*, monsieur, et très *sergent*. (Rac.)

4o La proposition est *elliptique*, lorsqu'elle n'est représentée que par un ou deux termes, ou seulement par un complément :

L'enfant lui crie : *Au secours* ! *je péris*. (La Font.)

Pour *vous soyez venant* au secours ! *je suis périssant*.

5o La proposition est *directe*, lorsque le sujet et ses compléments précèdent le verbe, et que le verbe précède l'attribut et ses compléments :

Le bon cœur fait le bon esprit. (Delille.)

6o Elle est *indirecte* dans le cas contraire :

Dans un profond ennui ce lièvre se plongeait. (La F.)

Propositions considérées dans leurs rapports entre elles.

§ 252. — Considérées dans leurs rapports entre elles, les propositions sont *principales*, ou *subordonnées*, ou *incidentes*.

PROPOSITIONS PRINCIPALES.

§ 253. — La proposition *principale* est celle dont le verbe, indépendant de toute expression conjonctive, est comme le fondement grammatical de la phrase.

§ 254. — La proposition principale *est absolue* ou *relative*.

I. Elle est *absolue* quand elle a un sens complet par elle-même:

Notre condition jamais ne nous contente. (La Font.)

II. Elle est *relative* quand elle a sous sa dépendance une ou plusieurs propositions qui la complètent :

Il suffit — qu'à la fin
J'attrape le bout de l'année. (La Font.)

REMARQUE. — Plusieurs propositions principales qui se trouvent à la suite l'une de l'autre dans la même phrase, s'appellent propositions principales *coordonnées* :

L'arbre tient bon, — le roseau plie ; —
Le vent redouble ses efforts. (La Font.)

PROPOSITIONS SUBORDONNÉES.

§ 255. — La proposition *subordonnée* est celle qui se rattache à la proposition principale pour en compléter le sens :

On voit — que *de tout temps*
Les petits ont pâti des sottises des grands.(La Font.)

REMARQUES. I. Une proposition subordonnée peut en avoir une ou plusieurs autres qui lui soient subordonnées à elle-même ; alors elle devient principale par rapport aux propositions qui lui sont subordonnées :

Je conclus qu'*il faut* — qu'on s'entr'aide. (La Font.)

II. Plusieurs propositions subordonnées qui dépendent d'une même proposition, s'appellent propositions subordonnées *coordonnées* entre elles :

Le peuple des souris croit — que *c'est châtiment,* —
Qu'il a fait un larcin de rôt ou de fromage, —
Égratigné quelqu'un, — causé quelque dommage, —
Enfin qu'*on a pendu le mauvais garnement.* (La Font.)

§ 256. — Les propositions subordonnées sont *complétives* ou *circonstancielles.*

I. Propositions subordonnées complétives.

§ 257. — La proposition subordonnée *complétive* est celle qui est indispensable pour compléter la proposition principale à laquelle elle est unie :

Le trop d'attention qu'on a pour le danger,
Fait le plus souvent — *qu'on y tombe.* (La Font.)

2° *Propositions subordonnées circonstancielles.*

§ 258. — La proposition subordonnée *circonstancielle* est celle qui exprime un complément circonstanciel :

Un auteur gâte tout *quand il veut trop bien faire.*(La F.)

PROPOSITIONS INCIDENTES.

§ 259. — La proposition *incidente* est celle qui se rattache par un pronom relatif au sujet ou à l'attribut d'une autre proposition.

Il y a deux sortes de propositions incidentes : la proposition incidente *déterminative* et la proposition incidente *explicative.*

1° *Proposition incidente déterminative.*

§ 260. — La proposition incidente *déterminative* est celle qui forme un complément déterminatif :

> Le premier — *qui vit un chameau,*
> S'enfuit à cet objet nouveau. (La Font.)

2° *Proposition incidente explicative.*

§ 261. — La proposition incidente *explicative* est celle qui forme un complément explicatif :

> Le temps, *qui toujours marche*, avait pendant deux nuits
> Échancré, selon l'ordinaire,
> De l'astre au front d'argent la face orbiculaire. (La Font.)

REMARQUE. Lorsque plusieurs propositions incidentes dépendent d'un même terme, elles s'appellent propositions incidentes *coordonnées* entre elles :

> Ce sont, dit-il, leurs lois, — *qui m'ont de ce logis*
> *Rendu maître et seigneur, — et qui, de père en fils,*
> *L'ont de Pierre à Simon, puis à moi Jean transmis.*
> (La Font.)

EXEMPLES D'ANALYSE LOGIQUE.

I.

Dieu ne créa que pour les sots
Les méchants diseurs de bons mots.

Proposition principale absolue. *Dieu,* sujet simple et in-complexe ; *créa* (fut créant), *fut,* verbe; *créant,* attribut simple et complexe; *pour les sots,* complément indirect de l'attribut ; *les méchants diseurs,* complément direct de l'at-tribut ; *de bons mots,* développement du complément di-rect *les méchants diseurs.*

II.

Cet animal est triste, et la crainte le ronge.

Cette phrase renferme deux propositions principales coor-données : 1º *cet animal est triste* ; 2º *et la crainte le ronge.*

I. *Cet animal est triste.* Proposition principale coordon-née. *Cet animal,* sujet simple et complexe ; *est,* verbe ; *triste,* attribut simple et incomplexe.

II. *Et la crainte le ronge.* Proposition principale coordon-née. *La crainte,* sujet simple et incomplexe; *ronge* (est ron-geant) *est,* verbe ; *rongeant,* attribut simple et complexe ; *le* (lui), complément direct de l'attribut.

III.

C'est à vous, s'il vous plait, que ce discours s'adresse.

Cette phrase renferme deux propositions : 1º une proposi-tion principale, *ce discours s'adresse à vous;* 2º une proposi-tion subordonnée circonstantielle, *s'il vous plait.*

I. *Ce discours s'adresse à vous.* Proposition principale. *Ce discours,* sujet simple et complexe ; *s'adresse* (est adressant soi), *est,* verbe ; *adressant,* attribut simple et complexe; *s'* (pour *soi*), complément direct de l'attribut ; *à vous,* com-plément indirect de l'attribut.

II. *S'il vous plait.* Proposition subordonnée circonstan-cielle. *Il,* sujet apparent, simple et incomplexe ; *plait* (est plaisant), *est,* verbe ; *plaisant,* attribut simple et complexe ; *vous* (pour *à vous*), complément indirect de l'attribut.

TABLE MÉTHODIQUE

NOTIONS PRÉLIMINAIRES.

MOTS VARIABLES.

MOTS INVARIABLES.

SUPPLÉMENT.

ANALYSES.

FIN DE LA TABLE MÉTHODIQUE.

TABLE ALPHABÉTIQUE

DES MATIÈRES.

FIN DE LA TABLE ALPHABÉTIQUE.

2183 — Amiens. — Typ. Alfred CARON fils, rue de Beauvais, 42.

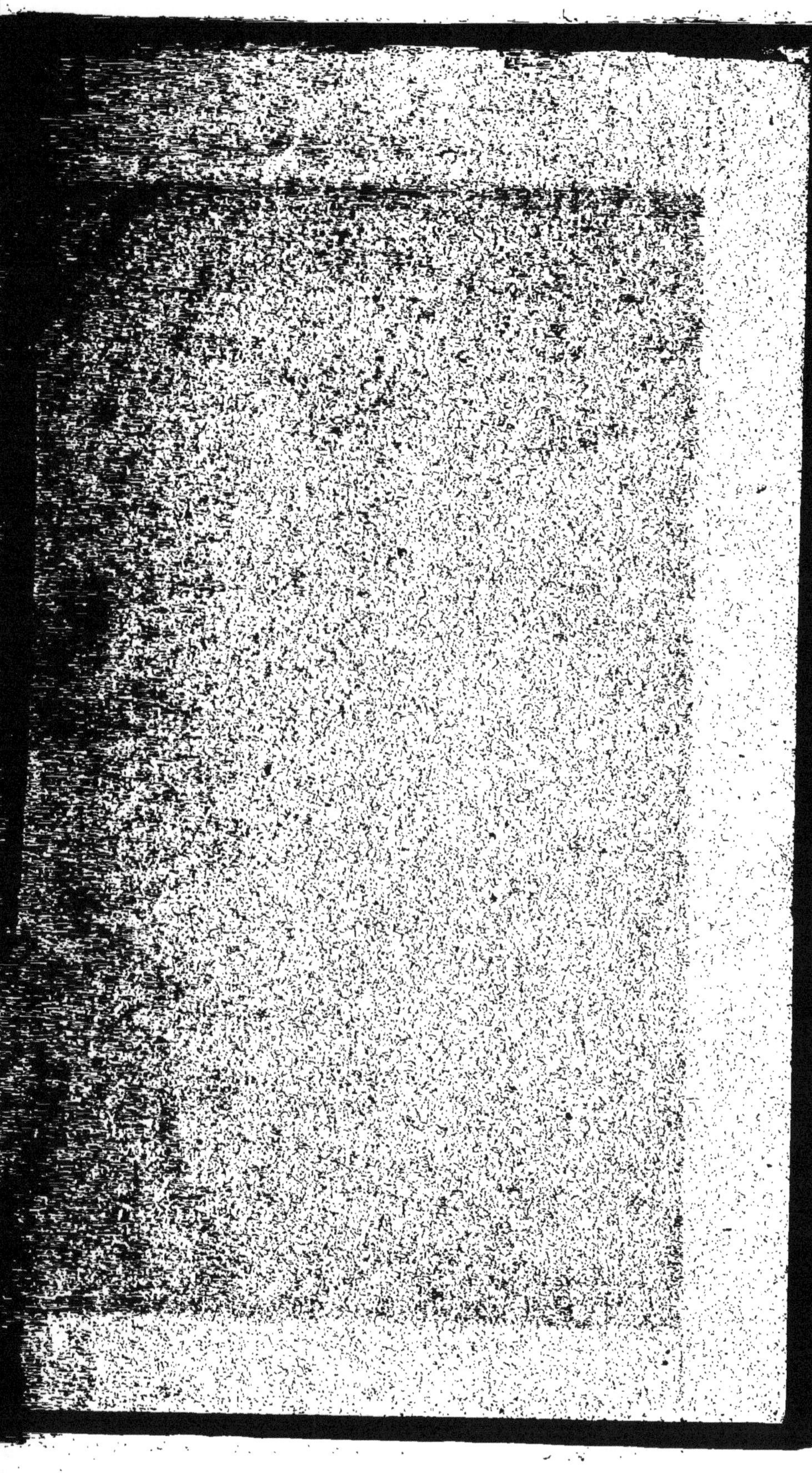

AMIENS. — IMP. ALFRED CARON FILS.